近代日本の大誤解

開国から終戦まで

The misunderstanding of Japanese modern history

夏池優一 著

彩図社

はじめに

「近代」という言葉は、一般的に１８６８（明治元）年に明治新政府が誕生してから、１９４５（昭和20）年に太平洋戦争で大日本帝国が降伏するまでを指す。

この、わずか80年足らずの間に、日本の「今」が急速に構築されたのだ。

政治面では封建体制から天皇を頂点とする立憲君主制に移行、軍事面ではヨーロッパの列強諸国にならい陸海軍を創設し、それを支える人材を育成した。国民は殖産興業に励み、驚くべき早さで資本主義を吸収したのである。また、文化や生活様式の西洋化が進められて、人々の暮らしも大きく変化した。

江戸時代以前の日本の伝統や、戦後民主主義の影響があるとはいえ、私たち日本人の有り様や精神性の基礎は、この間に形作られたといっても過言ではない。

だが、これほど重要な期間なのにもかかわらず、日本人が近代の歴史に触れる機会は非常に少ない。それ以前の歴史と違い、解釈を巡って国際的・国内的なイデオロギー対立が絡むことや、歴史の授業のカリキュラムが終盤になって駆け足になるのが原因だと思われる。

しかし、こんな言葉がある。

「愚者は経験に学び、賢者は歴史に学ぶ」

〝鉄血宰相〟と呼ばれ、ドイツ帝国を繁栄に導いたオットー・フォン・ビスマルクの言葉だ。

この言葉に従うならば、私たちが今まさに暮らしている社会がデザインされていった近代こそ、もっとも学ばなければならない時代のはずだ。

そこで本書では「誤解」をキーワードに、日本の近代を読み直そうと試みる。

というのも、この時代は日本人の関心が薄いからか、放置されたまま常識として定着してしまった「誤解」が数多くあり、それを紐解くことでより深く、より面白く近代が理解できると考えたからである。

さきほど「近代とは、明治新政府誕生から太平洋戦争終戦までを指す」としたが、本書ではその定義に依らず、ペリー来航から太平洋戦争終戦後まで扱う範囲を広げた。

なぜなら、アメリカのペリーとの開国交渉は、およそ近代的でない幕府による弱腰外交が行われていたという「誤解」がまかり通っているが、実際は幕府が主導権を握り、ペリーの思い通りにはさせなかったケースがあり、この時こそが日本の近代の目覚めだと考えたからだ。

また、「終戦記念日＝8月15日」と教えこまれた日本人は、この日をもって新しい日本がスタートしたと捉えがちだが、実は世界的にはスタンダードな記念日ではないし、終戦後に北方でロシアと戦った部隊や、妻を乗せて特攻した日本兵がいたことをご存知だろうか。

さらに、大正時代でも今と同じように、ニートや派遣社会が社会問題化していた。そうかと思えば、少子化ならぬ「多子化」が悩み種だったりと、近代日本について知ることは、そのまま今、我々が生きる社会について知ることだと気づかされることだろう。

本書では、こういった意外な史実や、常識を覆す逸話をたっぷりと収録した。

参考文献も明記してあるので、関心のある事項はさらに深く調べれば、読者のあなたが新たな誤解や真相を発見することもあるかもしれない。本書をきっかけに、近代日本を学ぶ面白さに共感していただければ、著者としてこれ以上の喜びはない。

近代日本の大誤解

開国から終戦まで

目次

二章 明治 帝国の躍進

三章 大正 成熟の時代 107

四章 昭和 近代日本の終焉

第一章 幕末

日本の夜明け

近代の逸話 其の1

【恫喝外交を突っぱねた気骨の男】

ペリーをやり込めた幕臣がいた！

●ペリーが来ることは知っていた

江戸時代末期。泰平の眠りを貪る日本に、国の運命を変える艦隊――黒船がやってくる。率いるのは東インド艦隊司令長官のマシュー・ペリー提督だ。嘉永6（1853）年、彼らは江戸の要所である浦賀湾に来航。一般に「幕末」という時代は、このペリー来航が起点とされる。まさに江戸時代の終わりの始まりを象徴する大事件である。

黒船見物のために多くの江戸っ子たちが押し寄せ、ペリーの顔を描いた瓦版《かわらばん》が飛び交った。また、浮世絵の題材として描かれることもあれば、歌や句の材料になって詠まれることもあった。あまりの熱狂ぶりに、幕府は何度も異国船見物禁止令を出している。

それだけの騒ぎになるのも無理はない。なにしろ、アメリカから来た4隻は、乗組員が988人にものぼる大部隊であり、重量はペリーを乗せた旗艦サスケハナ号が2450トン、蒸気軍艦ミシシッピー号が１６９２トン、ほかの帆走軍艦2隻がそれぞれ８８２トン、９８９トンである。当時の日本では、約１５０トンの船が「千石船《せんごくぶね》」と呼ばれる大型船だったことを考えると、黒船のご一行がいかに脅威的だったかが分かるだろう。

黒船来航時の様子を描いた浮世絵。幕府側の慌てぶりが強調されている。

しかし、庶民にとっては寝耳に水でも、幕府の首脳は、この日が来ることを1年前から予見していた。

出島のオランダ商館長だったドンケル・クルチウスから国際情勢をリポートした「別段風説書」が提出されており、そこにこのように書いてあったからである。

「アメリカ政府が日本と通商関係を樹立したいと考えており、使節が大統領の書簡を届けるため、ならびに日本漂流民の送還のために日本に来航する」

江戸幕府の老中たちは突然、現れた黒船に慌てふためいていたイメージが強いが、実際はペリーという使節の名前や、蒸気船の大艦隊を率いてやってくることも含めて、きちんと把握していた。

もちろん、極秘情報のため、幕府の中でも奉行レベルの人間にしか知らされていなかったが、上層部は来

マシュー・ペリー提督の肖像画

航を予期して着実に対策を練っていたのだ。

●ペリーの誤りをはっきりと指摘した林大学頭

ペリーが来日した目的は3つあった。

まずは、アメリカの船が座礁や破損、もしくは台風のためにやむなく日本に漂着したときに、乗員の生命や財産を保護させること。

次に、アメリカの船が薪水・食糧の補給や船の修理のために、日本国内の港に入る許可を得ること。そして最後が、アメリカの船が積荷を売却・物々交換するために、日本国内の港に入る許可を得ること。つまり貿易である。

その3つの要望を掲げて開国を迫るペリーに対して、幕府は弱腰の交渉に終始し、開国させられてしまった――こんなふうに誤解されがちだが、ペリーとの間で行われた交渉を丁寧に検証すれば、幕府の外交交渉は極めて冷静で、巧みなものであったことが分かる。

ペリーと幕府との交渉は、合計4回行われ、第1回が嘉永7（1854）年3月8日に実施された。この難しい交渉において、主導権を握り続けた、一人の幕臣がいた。

彼の名は、昌平坂学問所の塾頭、林大学頭《はやしだいがくのかみ》（林復斎《ふくさい》）。学者であった林が、日本側全権としてペリーとの交渉に臨むことになったのだ。林について、ペリーらはこんなふうに記録している。

「顧問官の林大学頭が主席委員であることは間違いなかった。なぜなら、重要事項はすべて彼に委託されたからである。この人物は55歳くらいで、立派な風采を備え、優しげな容貌と極めて丁寧な物腰とは裏腹に、顔の表情は重々しく、むしろむっつりしていた」

林に「タフ・ネゴシエイター」という第一印象を持ったことが分かる記述だ。アメリカ側は実際の交渉を通じて、その印象が間違っていなかったことを思い知らされる。まずペリーは「祝砲」と称して、55発の大砲をぶっ放してみせた。その狙いはもちろん恫喝である。ところが林は怯えるどころか、こう言い放った。

「昨年夏の、貴国フィルモア大統領書簡で要望されたもののうち、薪水食料と石炭の供与は差し支えない。また漂流民救助の件も、我が国の国法にある通りである。以上の2条は了承するが、交易等の件は承諾しかねる」

できることと、できないことをはっきりと伝えた。3つの要望のうち、2つは許可したうえで、3つ目の貿易については突っぱねたのだ。それについてペリーは真っ向から意見を言わずに「漂流民の救助について、アメリカでは人命尊重を第一としている」と述べた後、こう噛み付いた。

「貴国は人命を尊重せず、日本近海の難波船も救助せず、海岸近くに寄れば発砲し、また日本へ漂着した外国人を同様に扱い、投獄する。いかにも道義に反する行為だ」

そう言って、日本の国政を改めるように求めたうえで「我が国は隣国のメキシコと戦争をし、国都まで攻め取った。事と次第によっては貴国も同じようなことになりかねない」と脅した。実際のところ、ペリーに宣戦布告の権限はなく、大統領からは発砲禁止の命令さえ下されていた。

だからこそ巨大な艦船を誇示して、ハッタリをかましたわけである。

しかし、林は「戦争もあり得るかもしれぬ」とひるまない。そして「貴官の言うことは事実に反することが多い」と反論を展開した。なぜなら、ペリーが問題視していた「難破船を救助もしないで発砲する」というのは、1825（文政8）年に発布された「異国船打払令」のことを指しており、1842（天保13）年からは穏健な天保薪水給与令に取って代わっていた。すでに難波船への救助は行われていたのである。

林はそのことをしっかりと説明した。それも、ただ相手の間違いを指摘しただけではない。相手の顔をつぶさぬように「我が国は外国との交渉がないため、外国側で我が国の政治に疎いのはやむをえないが」と前置きした。さりげない配慮の言葉を入れているところが、いかにも交渉上手である。

これにはペリーも「国政を現在のように改めたとのこと、今後も薪水食糧・石炭の供与と難破船救助を堅持されるならば結構である」と言うほかなかった。

●いくら求められても交易拒否を貫いた

人道的な面から交渉を有利に進めようとして失敗したペリーは、直球勝負で鎖国について異議を差し挟んできた。

日本を威圧したペリー艦隊。手前がミシシッピー号。

「さて、交易の件であるが、なぜご了承いただけないのか。そもそも、交易は有無を融通して、大いに利益のあることである。現在、万国において交易は日々に盛んになりつつある。この交易によって、各国は豊かになり、強くなってきている。貴国においても、交易を開かれれば、特別の国益になるはずであり、決して不利益になることはない」

大きなお世話以外の何物でもないが、経済的利益を餌にして交易の許可を求めてきたのである。

またしても、林は極めて冷静かつ論理的に回答した。

「なるほどいかにも交易というと、これはお互いに余りあるものを不足する所へ販売するのであるから、国家的な利益になるものと想像される。

しかし、もともと日本国は、自国内部での生産品で自給自足をしており、外国から品物を購入しなくても、少しも困ることはない。それゆえ、交易は許さないという法律を定めたのであるから、そう簡単に交易しましょうというわけにはいかない」

交易を通じた利益には理解を示しつつも、あくまでも日本のスタンスを堅持してみせた。さらに次のように追い討ちをかけ、ペリーをいなしたのである。

「ペリー提督、あなたの主要な希望は第一に人命を重んじることであり、難破した船を救助して欲しいとのことであった。そのご要望は受け入れたのであるから、とにかく主目的の目処は立ったのではないか。交易のことは、利益の議論であり、さして人命にかかわることではないのではないか。まず、主目的が達成されたのであるから、それで良いのではないか」

人は、自分の理屈に則って反論されると、言い返しにくくなるもの。

やや思考した後に、ペリーはこう言った。

「これは、ごもっともと思う。なるほど、林大学頭のおっしゃるとおり、今回日本に来た主目的は、前から言っているとおり、人命を重んじることであり、難破した船を救助していただくことこそ肝心である。交易は国家利益にはなるが、人命にかかわることとはいえないから、交易については、これ以上無理にお願いすることはやめよう」

その後、結ばれた日米和親条約では、新たな薪水給与の港として、下田・箱館を開港することを認めたくらいで、交易については引き続き、禁じられた。薪水給与の物品ですら、自由なやりとりを許さなかった。

ここで恫喝に屈していれば、日本国にとって取り返しのつかない事態を招いていたかもしれない。武力ではなく、胆力と論理で黒船を退けた林大学頭。彼のような幕臣がいたことを、日本人は記憶しておくべきだろう。

近代の逸話 其の2

【倒幕の契機となった勘違い】

薩英戦争を引き起こした誤解とは

●すべては誤解から始まった

1863（文久3）年に勃発した薩英戦争。強国イギリスを一つの藩が迎え撃った、あまりにも無謀な戦争として知られている。薩摩藩士がイギリス人を斬殺したことがきっかけとされているが、実は戦争に至ったのは双方の〝誤解〟によるものが大きい。日本国の行く末を決することになった、大いなる勘違いを紐解いていこう。

まずは有名な「生麦事件」の様子を追う必要がある。事件の舞台は、武蔵国橘樹郡《たちばなぐん》の生麦村。現在の地名で言えば、神奈川県横浜市の鶴見区にあたる。

薩摩藩の島津久光は1862（文久2）年9月14日、江戸で「文久の改革」を成功させて得意満面、江戸から京へと向かっていた。その道中、生麦村を通過したときのことである。騎乗した4人のイギリス人が、久光の大名行列に紛れ込んだ。この無礼に加え、馬が興奮して暴れ出したため、警護していた薩摩藩士たちがイギリス人を斬りつけてしまう。結果、4人のうちチャールズ・リチャードソンという男性が死亡し、2人が重傷を負うことになった。本人たちにとっては、川崎大師へ乗馬旅をしている最中の悲劇だった。

生麦事件を描いた絵画。英国人男性たちは女性を逃そうとした。

黙っていないのはイギリス本国である。幕府から10万ポンドの賠償金を受け取った後、横浜に停泊していたイギリス海軍の軍艦7隻を、鹿児島湾へと向かわせた。殺害者の引き渡しと、遺族への賠償金を薩摩側に要求するためだ。

だが、この時点では、船に乗ったイギリス公使館員たちは、戦争になるとは夢にも思っていなかった。それどころか、横浜から鹿児島への船旅を存分に楽しんでいたのである。船上では、おいしいワインを開け、食事会で舌鼓を打った。そして鹿児島が見えてくると、その自然の美しさに感動さえしている。

家族にこんな手紙を書いた船員もいた。

「もし、友達がすべて一堂に会して、この土地にたくみに仕組まれた壮観さと新奇さがかきたててくれる楽しみに接し、それを心ゆくまで味わうことができたら、これ以上の望みはありません」

どこか呑気なイギリス側とは対照的に、薩摩藩のほうは戦争も辞さぬ構え。なぜならば、幕府から伝え聞いた相手の要求に、絶対に呑めない条項が含まれていたからである。

要求は次の3項目であった。

「償金を差し出すべし」

「三郎（久光）の首級を差し出すべし」

「薩州へ軍艦を指向けるべし」

問題は2つ目だ。国父・島津久光の首を夷狄《いてき》に差し出すことなどできるはずがない。薩摩藩は、実弾を用いた砲撃訓練を開始。イギリス海軍を迎え撃つべく、着々と準備を進めることとなった。

しかし、実はイギリスが処刑を望んだのは生麦事件を起こした犯人であり、久光の首ではなかった。幕閣首脳が急いで訳したため、意味を取り違えてしまったのだ。

要求が誤解されたまま、艦隊は鹿児島へ到着。改めて要求を綴った手紙を薩摩藩に渡した。そこには日本語の訳文も付けられていたため、正しく意味が伝わったようだ。「生麦事件の加害者の処刑」と「被害者への2万5000ポンドの支払い」。要求は主にこの2つ。

しかし、戦闘モードに入っていた薩摩藩は、それを突っぱねてしまう。生麦事件の犯人は行方不明で、賠償金についても幕府と討議する必要があると、その日のうちに要求を退ける回答を行っている。

不誠実な返事を受けて、イギリス側は薩摩藩の船舶を強奪。真剣に対応させようという恫喝だったが、これを宣戦布告と見なした薩摩藩はイギリス艦隊に砲撃を開始した。かくして戦闘の火蓋は切られたのであった。開戦までの経緯をみれば、イギリス側は直前まで、戦争を想定していなかったことが分かる。終戦後イギリス国内では、船舶の強奪に関連して「恥ずべき犯罪行為」と海軍がバッシング報道を受けることになる。

●奇策！　スイカ売り決死隊

やる気のないイギリス艦隊に比べて、迎え撃つべしと殺気あふれる薩摩藩。

だが、その気合とは裏腹に、藩内では奇妙な現象が起きていた。高温多湿のために、真夏の鹿児島では赤痢が大流行していたのだが、艦隊が姿を現してからは、極度の緊張感からか、患者が激減したというのである。高揚する戦意とは裏腹に、かつてない強大な敵に不安だらけというのが実情だったようだ。

無理もないだろう。なにしろ、イギリス艦隊の砲数は7隻合わせて90門にも上った。イギリス側は当初、2隻以上出して鹿児島へ向かう予定ではなかったが、薩摩藩を威圧するために、7隻に増やしたという経緯もあり、さすがの迫力である。

まともにやりあって勝てる相手ではない――。そう考えた薩摩藩は、戦争になる前に先手を

イギリス・ロンドンの新聞で伝えられた薩英戦争の模様

打とうと、さまざまなゲリラ戦術を発案している。

「外国人は牛を食べるらしいから、牛を集めておびき寄せる」

「外国人は足の踵がないらしいから、上陸したところを後ろから押し倒す」

作戦の前提にある外国人の知識にかなりの誤解があるようだが、さすがにこれらは却下された。数あるユニークなアイディアから採用された作戦は「スイカ売り決死隊」である。スイカ売りのふりをして、艦隊に乗り込んで、イギリス船員を斬りつけるという、極めてシンプルな計画だった。

数名の役人がスイカ売りに扮し、イギリス艦隊のユーリアラス号に乗り込むことに成功した。それと同時に、ほかの6隻にも、同様の偽スイカ売りが小舟に乗って、艦隊へと乗り移っていく。

あとは号令を待つだけだったが、なかなか決行の合図が出ない。しびれを切らして、実行しようとしたとき、小舟が近づいてきて「待った」のサイン。ユーリアラス号以外の6隻では、怪しいスイカ売りたちが乗船拒否されたためである。

失敗に終わった「スイカ売り決死隊」作戦だが、このアイディアは、生麦事件でリチャードソンを殺害した奈良原喜左衛門《ならはらきざえもん》と海江田信義《かいえだのぶよし》の2人が、久光から命じられて捻り出したもの。子どもが考えたような作戦だが、彼らにとっては事件の責任を背負って真剣に練った秘策なのであった。

●勝敗がはっきりしないまま円満解決

開戦後は、イギリスの艦隊が次々と砲火を開いた。口火を切ったのは、2371トンのユーリアラス号で、さらに1469トンのパール号が祇園之洲《ぎおんのす》に設置されていた薩摩藩の砲台へ集中砲火を浴びせた。コケット号とアーガス号もその後に続いた。

とりわけ驚異的だったのが、アーガス号に搭載されていた、100ポンドのアームストロング砲である。射程距離は4キロで、薩摩の大砲に比べて実に4倍。実戦で初めて使われたため、現場では不具合もあったものの、その威力は抜群で、たちまち祇園之洲の砲台を破壊してしまった。

一方の薩摩藩も防戦一方ではなかった。ユーリアラス号が砲台の射程圏内に入ると、旗艦の甲板へ見事に命中させた。隊長や副長、そして数名の士官や砲員が死傷するという痛手をイギリス軍に負わせている。

薩摩藩の被害は、イギリスの砲撃によるものより、火事によるものが甚大であった。パーシューズ号がロケット弾を放つと強風にあおられて、火の手が拡大。さらに、工場や弾薬庫などを次々と撃破し、鹿児島の街は火の海となった。それは攻撃を仕掛けたイギリス船員たちの目を奪うほど、すさまじいものだった。

だが、イギリス艦隊は、船の損傷を修理すると、横浜へと戻って行った。撤退の理由は明らかではないが、もともとイギリス側は戦争になるとは考えていなかったため、石炭や食料が不足していたのではないかと言われている。

突然の撤退に加え、数日後に2人のイギリス兵の遺体が流れ着いたことから、薩摩側は勝利を印象づけるような報告を朝廷や幕府に行っている。現在でも「薩英戦争は、実は薩摩藩の勝利だった」と一部で誤解されているのも、その誇張の成果だろう。

しかし、その後の展開をみれば、確かに薩摩藩が「負けた」とも言い切れない落としどころとなっている。和平会談では、薩摩側がイギリスをなじったり、幕府のせいにして賠償の確約をできるだけ引き延ばす作戦に出たため、和平は決裂寸前までになった。

だが、3回目の和平会談で、薩摩藩は条件付きで、賠償金を支払うことに同意。その条件とは「軍艦購入の周旋をイギリスに引き受けてほしい」という意外なもの。これにはイギリス側は驚きながらも断る理由がなく、会談は一転して、和やかな雰囲気で進んだ。肝心の犯人処刑についても薩摩側は「逃亡中」としたまま押し通し、イギリスもそれ以上追及することはなかった。

薩英戦争を通じて、薩摩藩は攘夷思想の限界を知り、イギリスは「幕府以外に日本統治を任せることができる勢力」を発見した。以降両者は関係を深めることとなり、のちに薩摩藩は長州藩と結び、倒幕を目指すことになる。

近代の逸話
其の3

【あえて醜女を妻にした？】

新撰組局長 近藤勇の意外な素顔

●機転を利かせて泥棒を撃退

幕末の京都は尊王攘夷派の志士たちの総本山と化していた。彼らを抑えるために結成されたのが新撰組である。清河八郎《きよかわはちろう》が幕府に、将軍警護を行う「浪士隊《ろうしたい》」の結成を進言したのが、その始まりだ。浪士隊から近藤勇《こんどういさみ》、芹沢鴨《せりざわかも》らが離脱して1863（文久3）年、会津藩の預かりとして「新撰組」が発足することになった。

選りすぐりの剣客ぞろいだった新撰組は、血気盛んな尊王の志士たちからも恐れられる存在だった。なかでも、実戦の斬り合いで誰よりも力を発揮したのが局長の近藤勇である。

農家の三男として生まれた近藤は、幼名を「宮川勝五郎」と言い、15歳で剣術・棒術・柔術・居合術などの総合武術「天然理心流《てんねんりしんりゅう》」に入門。稽古に打ち込み、わずか7カ月後には、天然理心流目録を取得するなど、年少の頃から剣の実力を発揮した。

近藤少年の非凡さを物語る、こんなエピソードがある。

ある夜、近藤の父が留守にしているときに、盗賊が家に押し入った。盗賊が品定めを始めると、近藤と2人の兄は異変に気づく。兄たちがすぐに撃退しようとすると、末弟の近藤がそれを押しとどめた。盗みに入るときは、盗賊も殺気立っている。そのときに攻撃を仕掛けると、返り討ちに遭うと考えたからである。

あえて一旦やり過ごし、盗賊があらかた盗みを終えるのを待った。そして盗賊が立ち去ろうとしたそのときに、近藤は真っ先に出て行き、盗賊たちを斬りつけた。すると、不意をつかれた盗賊たちは、荷物を置いて慌てて逃げてしまった。

追いかけようとする兄たちを、近藤は再び制止した。

新撰組局長・近藤勇

「『窮鼠猫を噛む』の例えのように、相手は大人で、必死にかかってきたら敵わない」
そう冷静に説得して、深追いはしなかったという。
剣の腕前だけではなく、少年とは思えない冷静な判断はたちまち評判となった。そしてその将来性を買われて、天然理心流3代目の近藤周助のもとへ養子として迎えられることになった。

●竹刀技が苦手で助っ人を呼んでいた

近藤は、平均40歳で取る指南免許を、たった28歳で取得している。新撰組が結成されたのも同じ年である。初代筆頭局長の芹沢鴨が暗殺されると、近藤が局長を務めた。

翌年の1864（元治元）年、「京の放火を目論む倒幕派の志士たちがいる」という情報を入手すると、新撰組は二手に分かれて、反乱分子の潜伏先を探索。近藤たちのグループが旅館の池田屋に着目したところ、それがズバリ当たった。

池田屋に集まっている尊王攘夷派の志士は20人以上だったが、新撰組はそのほとんどの斬殺・捕縛に成功。襲撃の先頭を切ったのが、近藤だった。これが俗にいう「池田屋事件」である。その働きは幕府から高く評価され、500両の大金が与えられた。さらに、局長の近藤には三善長道《みよしながみち》の刀も贈られている。

1カ月後に起きた「禁門の変」では、新撰組は倒幕を目指す長州藩と交戦。勢いに乗った近藤は、正式に幕臣に取り立てられることになる。下級武士や浪人の集まりに過ぎなかった新撰組は、これらの事件を境に300人以上に膨れ上がり、勇名を轟かせた。

剣の強さから「鬼神」とも恐れられた近藤勇だが、意外にも竹刀での立会いは苦手だった。天然理心流はあくまでも実戦向きだったためである。

まだ一介の浪人に過ぎなかった頃、近藤は市谷八幡あたりに小さな町道場を開いていたが、道場破りが訪れると、意外なほどに苦戦を強いられた。それでも道場破りは次々とやってくる

渡辺昇。子爵にまで上り詰めた。

ので、困った近藤は、練兵館の塾頭を務める渡辺昇に応援を求めて、門弟たちを一時的に借りていたという。

手順としては、道場破りが現れると、近藤が「〝上〟が1名、〝中〟が2名……」といった具合に、渡辺に書面で要請を出していた。「上」「中」というのは、剣術の熟練度を表している。渡辺はそれに応じて門弟を派遣していたが、さすがは近藤、相手の技量を見抜く力は抜群で、対決の結果にほとんど狂いがなかったという。

いきなり呼び出されるほうはたまったものではないが、近藤の道場に出かけることを、渡辺の門弟たちはむしろ楽しみにしていた。なぜなら、無事に道場破りに打ち勝ったあと、近藤は冷酒とつまみを振舞ってくれたからである。もちろん、渡辺にもお礼の酒を一升、贈っていた。

近藤はもともと他人に食事を振舞うのが好きだった。道場の経営が苦しくて自身は粥をすすっていても、多くの食客たちを抱えていた。

「生活が苦しいのに、大勢の食客を養うことはよしたほうがよいでしょう」

周囲の人にそう諫められると、近藤はこう言った。

「ご厚意は大変ありがたいのですが、私は生活に窮迫している人をみると、放っておくのに忍びがたく面倒

〝鬼の副長〟こと土方歳三

をみてしまうのです」

近藤のもとに土方歳三《ひじかたとしぞう》、沖田総司《おきたそうじ》といった剣の達人が集まったのも、竹刀使いが巧みな渡辺が門弟の派遣に協力してくれたのも、剣士としてだけではなく、人間としての魅力が近藤勇にあったからに違いない。

●ブスだったから妻にした？

近藤がいかに自分の道場のことを第一に考えていたのか。それがよく分かる逸話が残っている。近藤の武名が上がるにつれて、周囲から縁談の話が持ち上がる。薦められるがままに、数回見合いをしてみたものの、いずれも近藤のほうから、断りを入れてしまう。

ところが、ある女性とお見合いをしたとき、近藤は「この人と結婚したい」と承諾。その女性の名は「松井つね」と言い、媒介した人は怪訝そうにこう尋ねた。

「あなたの断わった人は、いずれも美人で、申し分のない人と思ったが、このたび承諾された人は、それほど美人とは思えませんが、どうして承諾されたのですか」

なかなか失礼な質問ではあるが、そう聞きたくなるくらい不可解な選択だったのだろう。近藤は笑いながら、こう答えた。

「前の数人は、いずれも容色がよく、面とむかって接するに騎態があった。しかしこの人は美人ではないが非常に慎しく、誠実な人と思われる」

さらに、つねを選んだ理由について、こう説明を加えた。

「我家は剣術を教えているため、若い男子の出入りが多く、容色がよく、騎色のある者はよろしくない。私の養父に仕え、青年に接し、失敗の憂事のない人がよい。それでこの女性を私の妻として選んだのです」

美人の登場によって、男性陣が浮き足立つことは現代でもよくあることだが、近藤は道場の風紀を考えて、妻にあえて器量の悪い女性を選んだというのだ。

一方で、つねを選んだ理由は、それだけではないのでは、とも言われている。

松井つねは、清水徳川家家臣・松井八十五郎の長女である。近藤は町屋の娘との縁談を断りながら、武家生まれのつねを選んだことから、その生まれに惹かれたのではないか、という説もある。農家に生まれ、武士に憧れた近藤の胸中を考えると、その説も捨て難くはある。

妻となったつねは、近藤が家を空けるときは養父によく仕えたという。戊辰戦争で近藤が斬首された後は、気を落としながらも貞操を守り、子どもを立派に育て上げた。つねを選んだ本当の理由は近藤にしか分からないが、妻を選ぶ目は確かだったようだ。

近代の逸話 其の4

【盗んだ金は散財してパー】

知りたくなかった本当の鼠小僧

●盗んだ金は散財してパー

本来、盗人に良いも悪いもないものだが、江戸の後期に庶民の溜飲を下げた大泥棒がいた。その名は、次郎吉。「鼠小僧」として広く知られる人物である。

10年にわたって忍び込んだ武家屋敷は28箇所に及び、大胆にも同じ場所に盗みに入ったこともあるため、回数は32回に及んだ。ここで1回捕まるものの、「初めて盗みをやった」と嘘を突き通して、入墨を入れられただけで、釈放されている。もちろん、更生することはなく、その後は7年間に武家屋敷71箇所、90回にわたって忍び込んだというから、呆れたものである。

だが、鼠小僧が有名なのは、そんな盗みの回数が理由ではない。何と言っても、「大名から盗んだ金を貧乏人に恵んでいた」という逸話が庶民の心を打ち、それがゆえに義賊として愛されることとなった。

ところが、これが全く事実ではなかったというのが、歴史研究家の間では、もっぱら定説となっている。

一体、本当の鼠小僧はどんな人物だったのか。

鼠小僧は1795（寛政7）年、元吉原の芝居茶屋で生まれた。吉原といえば東京最大の遊郭だが、現在知られている場所とは少し違う。もともと吉原は現在の日本橋人形町にあり、そこが元吉原である。1657（明暦3）年の明暦の大火によって焼失し、現在の浅草寺裏の日本堤に移転してきたという経緯がある。

つまり鼠小僧が生まれたとき、生まれた場所はすでに遊郭の街ではなかったわけだが、彼はしっかり吉原で遊ぶようになる。もちろん、大名から盗んだ金を使ってである。その遊びっぷりは、つかまったときに、奉行所でこんな質問を受けたくらいだった。

「吉原で随分遊んだそうだが、そんなに無駄な大金を使うより、その金で遊女を請け出したほうがよかったのではないか」

奉行所が罪を責めることを忘れ、一人の男としての素朴な疑問をぶつけているのが面白いが、鼠小僧の答えも大したもの。

浮世絵に描かれた鼠小僧

「なんの、女郎は女郎、買って遊ぶから面白い。それを女房にしたら、ただの女になってしまうじゃござんせんか」

鼠小僧は女だけではなく酒、そして大好きな博打へと稼いだ金をつぎ込んでいたようだ。2回目に捕まったときには、奉行はその総額を挙げたうえで、判決でこう述べている。

「これらをすべて酒女遊興に消費し、また博打を職業のようにしてほうぼうへ出かけ、全部博打で叩いてしまった。この所業まことに不届き至極である」

貧しい人にお金を恵む義賊どころか、これでは私欲にまみれた単なるコソ泥。言い伝えと実像には、かなりのギャップがあった。

●「鼠小僧伝説」で一儲けした人物とは？

しかし、鼠小僧も生まれながらにして、盗人だったわけではない。

堅気の職人を目指して10歳から修行を積み、16歳の頃には立派な建具職人として働いていた。そのままコツコツと暮らしていればよかったが、博打好きの性格が災いして、徐々に生活が乱れていく。

鳶職で生計を立てるようになるものの、素行の悪さから25歳のときに親から勘当されてしまう。盗みで生計を立てるようになったのは、27歳の頃だと言われている。

建具職人として出入りしていたため、武家屋敷の内部はよく分かっている。そのうえ、「鼠小僧」と呼ばれていることからわかるように、小さくてすばしっこいところも、盗人として活躍できたゆえんである。

盗みをするにあたって、犯行を怪しまれないための自分なりのルールもあった。まず、盗むのは10両、20両程度で、大金は盗まなかった。これくらいの額ならば、大名も届けることはあまりない。それよりも、侵入を許したことで、「武士の面子」を傷つけられることのマイナス面のほうが大きかったからだ。事実、武州川越藩の江戸の屋敷は3回も盗みに入ったと鼠小僧自身が自白しているにもかかわらず、「一度も盗みに入られていない」と言い張っている。

南千住回向院にある鼠小僧の墓

さらに、プライベートでは、みすぼらしい家に住み、ボロい着物を身にまとって、質素な生活を貫き通した。そして、手元に金をため過ぎず、金が底をついてから、盗みに出るようにしていたという慎重ぶりだった。

ここまで自分を律せられるならば、真面目に働けそうなものだが、長きにわたって捕まらなかったことを考えると、その努力は実を結んだといえる。最後は屋敷内であっさりお縄となるが、捕まるときはそんなものなのだろう。

盗んだ金は自分勝手に使ったが、鼠小僧にポリシーがなかったわけではなさそうだ。松浦静山の『甲子夜話《かっしやわ》』では鼠小僧について「然れども人に疵つくることなく、一切の器物の類を取らず」とあるように、人に傷害を加えることはなく、器物も盗まず、ただ現金のみが狙いだった。そして、見かけ倒しで警備が甘い、武家屋敷ばかりに入ったことが結果的に、庶民のどこか「ざまあみろ」という気持ちを満たすことにはなった。

そこに「盗んだ金を貧乏人に分け与えた」という尾ひれがついたため、こんな誤解が生じることになった。その理由の一つに、怪しまれないための質素な生活が「貧しい人に恵んでいる」と深読みされたきらいはあった。それでも、自分で吹聴して回ったわけではないのだから、「嘘つきめ」「がっかりした」と叩かれるのは、鼠小僧としても心外だろう。

では、誰が実情にそぐわない噂話を後世にまで広めてしまったのか。それは河竹黙阿弥《かわたけもくあみ》という、幕末から明治にかけて活躍した歌舞伎狂言作者である。盗賊のことを「白浪《しらなみ》」というが、黙阿弥は「白浪作家」と呼ばれるほど、多くの盗賊を作品に登場させたことで知られている。黙阿弥が残した世話狂言のうち、盗賊を主人公としているのは実に半数にも上る。

そのうちの一つが、『鼠小紋東君新形《ねずみこもんはるのしんがた》』で、上演したところ、空前絶後の大ヒット。これが一つの出世作となり、黙阿弥は人気作者へと駆け上がった。鼠小僧の話がいかにインパクトをもって人々に受け入れられたのかがよくわかる。

1832（天保3）年、捕えられた鼠小僧は、市中引き回しの上で獄門という判決が下された。斬首の後、無残にも台上に3日2夜、首をさらされた鼠小僧。その胸中は知る由もないが、時を経て、まさか自分が義賊としてブレイクするとは、想像だにしなかっただろう。

近代の逸話 其の5

【女を置いて逃げ出した！】

英雄 坂本龍馬の真実

●女を置いて逃げ出した

鼠小僧に限らず、歴史上の人物には「こんな人であってほしい」という後世の人々が持つ願いやイメージが投影され、実像と異なるイメージが定着することがある。国民的人気を誇る人物ならばなおのことで、幕末の志士・坂本龍馬はその代表的人物だといえるだろう。

28歳で脱藩、各界の知己を得て薩長同盟成立の立役者となった龍馬は、勇ましい改革者として語られることが多い。しかし妻のお龍《りょう》は晩年、龍馬の意外な姿を語っている。

「伏見に居た頃、夏の暑さからある晩、龍馬と2人でぶらぶら涼みがてら散歩に出かけていました。段々と夜が更けてきたので、話をしながら帰っていると、途中で5、6人の新撰組と出会いました。夜だから、まさか相手も坂本龍馬だとは分からなかったでしょうが、浪人とみれば誰でも叩き斬るという奴らです。わざと私たちにぶつかって、喧嘩をしかけてきたのです」

お龍（左）と坂本龍馬（右）。お龍は勝ち気な性格だった。

新撰組がいかに恐れられていたかは、近藤勇の項ですでに書いたとおりだが、二人は運悪く夜道で遭遇し、からまれてしまったのである。

それも、女性と一緒にいるとなれば、あまりにタイミングが悪すぎる。男の器量が問われるところだが、なんと「龍馬はプイとどこへ行ったか分らなくなった」という。

残されたお龍は困りながらも「あなたたち、大きな声ですねえ」と平気を装った、というから大したもの。新撰組は「どこへ逃げたか！」と龍馬のことを怒りながら、どこかへ行ってしまったという。

その間、龍馬はどこにいたのかといえば、町の角で立って、お龍を待っていた。

「あなた、私を置き去りにして。あんまり水臭いじゃありませんか」

女性としては当然の抗議をすると、龍馬はこう言った。

「いや、そういうわけじゃないが、奴らに引っかかると、どうせ刀を抜かないわけにはいかないから、それが面倒で隠れたのだ」

面倒という割には、逃げ足が少々速すぎる気もするが、龍馬は「お前もこれくらいのことは、平生から心得て居るだろう」と悪びれず言ったと、お龍は回想している。

この逸話は、お龍から聞いた話をまとめた『反魂香』という本に書かれている記述であり、引用も明らか。しかし、小説やドラマでは、こうした真の姿よりも、眉唾の文献やフィクションに書かれた「英雄としての龍馬」が好まれるようだ。どちらかというと、恐怖心から女を置いて逃げてしまい、怒られると言い訳する龍馬のほうに親近感が湧くのは、筆者だけだろうか。

●「日本の洗濯」の真意

「日本を今一度、洗濯いたし申し候」

誰もが知っている、坂本龍馬のこの名言。現在でも、大胆に物事を変えるときに引用されるが、「洗濯」とは果たして具体的に何を指しているのか、知らない日本人がほとんどではないだろうか。この言葉が含まれている手紙をみてみよう。それは、1863（文久3）年6月29日、29歳の龍馬が脱藩した翌年に、姉へ送ったものだった。

「この手紙はこの上なく大事なことばかりなので、べちゃくちゃ喋る連中に見せると『ほほう、ほほう』『いややのう』という反応になるのがせいぜいだから、決して見せてはいけないよ」

こんなふうに最初に断ってから、龍馬は長州が6回も外国と戦っているが依然として不利な状況であり、しかも、長州と戦っている外国船を幕府が修理している、と憤りを見せた。それは「幕府側の腹黒い役人が外国人と内通したことによるもの」と断じて、次のように決意を述べた。

「このような悪い役人はかなりの勢力がありますが、大勢ではありますが、龍馬は2、3の大名と固く約束して同志を募り、朝廷もまず神の国を守るという大きな方針を立てて、江戸の同志、旗本・大名・その他と心を合わせながら、幕府の悪い役人たちを撃ち殺して、この日本を今一度洗濯しなければならないことを祈願する」

龍馬は、外国船と戦う自国の藩を支えるどころか、修理して助けていることへの怒りから「幕府の役人を撃ち殺したい」と、この手紙で述べている。「洗濯」とは、旧幕府勢力を武力でもって一掃することを指しているのだ。

犬猿の仲だった薩摩藩と長州藩に手を組ませて「薩長同盟」を結ばせたことから、龍馬を平和主義者かのように扱う小説・ドラマも多い。しかし、彼は武器商人であり、長州が幕府に武力で抵抗できるように武器を手配したこともあれば、ライフル銃を買い込んで、慶喜を京都で襲撃しようと計画したこともある。

むしろ「役人たちを撃ち殺す」という物言いは、血の気の多い龍馬らしい言葉だといえるだろう。あるいは、「日本を洗濯」という表現に、龍馬に文学的な才を見出す人もいるかもしれない。

しかし、残念ながら、この言葉はいわばパクリ。龍馬や西郷隆盛をはじめ、幕末維新の英傑たちに絶大な影響を与えた横井小楠《しょうなん》が、口癖のように言っていた「天下一統人心洗濯希《ねが》うところなり」の言葉を真似したものだった。

●龍馬が書いていない「船中八策」

また、坂本龍馬と言えば、「船中八策《せんちゅうはっさく》」もよく知られている。今でも政治の場で引き合いに出されるため、ご存知の方も多いだろう。

その8項目とは、次のようなものである。

一、政権を朝廷に返すこと
一、上下の議会を設置し、議員を置いて公論に基づいて政治を行うこと
一、公卿・大名のほか世のすぐれた人材の中から顧問を選ぶこと
一、新しく国家の基本になる法律を定めること
一、外国と新たに平等な条約を結び直すこと
一、海軍の力を強めること
一、親兵を設けて都を守ること
一、金銀の比率や物の値段を外国と同じにするよう努めること

冒頭の「政権を朝廷に返すこと」は、1867（慶応3）年に徳川慶喜が大政奉還を行い、実現させることになる。そのことから、龍馬が大政奉還を献策したという誤解がされがちだが、大政奉還の考え方自体は、この頃、とりわけ目新しいものではなかった。

少なくとも1862年の時点で、幕臣の大久保忠寛《ただひろ》が幕議の席で提唱したという記録が、松平春嶽の『逸事史補』に残されている。龍馬が「船中八策」を起草したとされるのは、それから5年後の1867年のことだから、龍馬が発案したとするのは無理があるだろう。

さらに、最近の研究では、そもそもこの「船中八策」の存在自体が、明治期以降の創作ではないかという説も出てきた。『「坂本龍馬」の誕生』で知野文哉は、「船中八策」のルーツについて調べ上げたうえで、「船中八策」には、その原本もなければ、写本もないこと、さらに「議員」という漢語が1868（明治元）年以前の文献では見つけられないことなどについて、言及している。

日本人の「こうあって欲しい」という願いと、小説やドラマなどのフィクションの力で虚像が膨れ上がった龍馬。大河ドラマによる何度目かのブームも一段落したことから、人物像が更新される時が近いのかもしれない。

近代の逸話 其の6

【便乗してやりたい放題】

良くない「ええじゃないか」騒動

●美女や生首も空から降ってきた

長い日本の歴史の中には、なぜそんなことが起きたのか、理由も判然としない社会現象がある。江戸時代末期に起きた「ええじゃないか騒動」がその一つである。

民衆たちが「ええじゃないか」とはやし立てながら、狂喜乱舞するというこの珍現象は局地的なものに収まらず、日本全国へ波及した。有名な歌は次のものである。

「日本国のよなおりはええじゃないか、ほうねんおどりはお目出たい、おかげまいりすりゃええじゃないか、はぁ、ええじゃないか」

歌中に出てくる「おかげまいり」とは、多いときは300万人が参加した伊勢神宮への集団巡礼運動のことで、ほぼ60年ごとに行われた。その流れで、河内では「おかげ踊り」なるものが発生。「踊らざる者は一族疫病に死し、又は其家焼失せぬ」と恐ろしい噂が村に流れたケースもあり、大流行した。これが「ええじゃないか騒動」のベースになっているのではないかと言われている。

　ええじゃないか騒動が初めに起きた場所はどこか。掛け声の方言から、従来は京都や大阪で始まったとされていたが、後年になって１８６７（慶応３）年に行われた三河の御鍬《おくわ》百年祭が発端だと分かってきた。そのなかで伊勢神宮の御札や雑多な神札、神像が空から舞ったことを契機に、人々は「ええじゃないか、ええじゃないか」とフィーバーして、群れをなして村や町を踊り歩き始めたのである。それが東西へと伝播していき、西は伊勢、京都、大阪、兵庫、淡路、阿波、讃岐、そして東は信州、江戸へと広がっていった。

　空から降ったのは御札だけではない。仏札や仏像、地方によっては金塊や小判が落ちてきたという記録もある。幕臣の堤兵三郎の手記によれば「15、16歳の美女」や「生首」が降った地方もある、ともされており、ここまで来るとＳＦ、ホラーの世界である。

「ええじゃないか」騒動に興じる人々

●不法侵入に強盗とやりたい放題

　このような世直し運動が起きた背景として、ペリー来航以来、地震や津波などの災害が続き、コレラの流行にも苦しめられたことがあった。そしてなによりも、幕末の危機的な政治情勢への不安感が、大規模な大衆運動につながっていったようだ。

しかしその裏に、討幕派の働きかけがあったのではないかとも言われている。

つまり、民衆を騒がせて、崩壊直前の幕府に止めを刺そうとしたということだ。事実、騒動のきっかけとなった、御札のうちのいくつかは、土佐の大江卓《おおえたく》が自ら作って降らせた、という証言もある。ただ、一部の扇動者が引き起こせる規模の運動ではないため、政治的な働きかけがあったとしても、きっかけの一つに過ぎなかったとするのが妥当だろう。

確かなのは、この騒動が世直しを訴えるだけの民衆運動ではなかったということだ。明らかに行き過ぎたものがあり、阿波ではこんな記述もある。

「門口から『ええじゃないか、ええじゃないか』と踊りながら、泥足のまんまでもなんでも座敷に上がって、踊りをする。そしたら、その家は狼狽して、酒肴をこしらえて出してくる」

押しかけられた家からすれば、全く「ええじゃないか」と言えない迷惑行為である。次の記述では、さらに酷い行いを暴露されている。

「踊りによって、着物でも道具でも食べ物でも何がいいものがあって、一方が『ええじゃないか』と言うと、もう一方も『ええじゃないか』と言うので、『これ、くれてもええじゃないか』と言えば、何でも持って戻ることができた。常日頃、憎い奴や権柄な者のところにわざと踊りこんで、『ええじゃないか』『ええじゃないか』と言って、畳や建具を破ったり壊したり、また大事そうな道具類をとって踊ったりしていた」

ここまで来ると、単なる腹いせ、犯罪行為である。格好もなかなか過激で、男の女装、女の男装はまだしも、ふんどし一つの者や、裸体の前に半紙を1枚だけ垂らした者もいた。

いくつかバージョンがある歌のなかには、かなり卑猥なものもある。

「ええじゃないか、おそそに紙はれ、破れりゃ又はれ、ええじゃないか、ええじゃないか」「おそそ」は女性器のことで、そこに紙を貼って、破れればまた貼ればいいじゃないかと歌っている。なかには「ええじゃないか」と不埒な行為に走る者もいたようで、歴史学者の藤谷俊雄は、『「おかげまいり」と「ええじゃないか」』で次のように書いている。

『ええじゃないか』が、こうした『世直し』思想を底流とした『民衆運動』を本質としていたとしても、それがついに全国的に大衆的革命運動にまで発展することなく、地方分散的な『騒動』に終ったことは明らかな事実である。そしてそれも、「空腹となれば牡丹餅を食ひ、酒を呑みて酔ひ踊り、眠くなれば誰の家にても遠慮なく寝」「人妻に戯れ、他の夫の腕に抱かれて、ドウデモええぢちゃないかと踊る」という、狂乱で終ってしまったのである。

好きなときに食べて、眠くなったら他人の家で寝て、人妻と戯れても、ええじゃないか……。あまりにもアナーキーなええじゃないか騒動だった。

近代の逸話 其の7

【雑誌に自ら撮影した写真を投稿！】

趣味に没頭した最後の将軍

●厳しかった水戸家の子育て

薩長同盟の締結で結集した倒幕勢力。その優位が決したのが、官軍と旧幕府軍が政権の主導権を巡って争った、鳥羽伏見《とばふしみ》の戦いだ。天下の分け目となった戦いにおいて、途中で大阪城を脱出し、江戸に逃亡してしまったのが、第15代将軍の徳川慶喜《よしのぶ》である。

すでに大政奉還がなされ、政権は朝廷に返上されていたが、この戦いの結果次第では、旧幕府軍が巻き返すことは可能であった。それだけに、この敵前逃亡劇は「大将としてあるまじきこと」と見なされ、慶喜には軟弱なお坊ちゃんというイメージが定着してしまった。

臣下を見捨て、自分だけ生き残ろうとした行為は、批判されてもやむを得ない。だが、たった一つの行動で、人物のすべてを計ることはできない。少なくとも、彼の幼少期について知れば、温室育ちのお坊ちゃんとはかけ離れた環境で育ったことが分かる。

なにしろ、慶喜の父は、没後に「烈公」と追慕されるほど荒々しい気性を持つ、徳川斉昭《なりあき》である。彼は総計37人も子どもをもうけた豪の者で、7人目の男の子として生まれた慶喜へのしつけは、実に厳しいものだった。

慶喜（左）は父・斉昭（右）に厳しく育てられた。

食事は一汁一菜で、月に3回だけは魚など動物性蛋白質《たんぱくしつ》が付いた。さらに、衣服や蒲団も絹が使われることはなく、木綿か麻のものを使用していた。「江戸で育てると華美な風俗に流される」という理由で、わざわざ水戸に送って教育しただけあって、なかなか質素である。

もちろん、いたずらはご法度。灸を据えられるだけで済めばよいほうで、座敷牢に閉じ込められることもあった。とはいえ、これらの厳しいしつけは、期待の裏返しでもあった。父の斉昭は長男よりもその資質を買っていたようだ。12代将軍の家慶も慶喜の聡明さを見込んで、11歳で一橋家を相続させている。

慶喜の寝相の悪さが、将来に災いするのではないかと、枕の両側に剃刀の刃を立てて寝かせていたというエピソードもある。すっかり寝相は良くなったというが、いささかやり過ぎな気もする。

しかし、そんな水戸家の厳しいしつけに、慶喜が反発したこともある。武芸に励む一方で読書を嫌った彼は、灸の罰を何遍も受けて指が腫れ上がっても、こう言い放った。

「陰気な本を読むよりは、この痛さを我慢する方が楽だ」

座敷牢にぶち込まれ食事も禁止となり、ようやく懲りた後は学問に励んだ。22、23歳頃にもなれば、『資治通鑑《しじつがん》』『孫子《そんし》』などを愛読するようになった。

もともと好んだ武術は、剣・弓・馬など、それぞれ専門の師に付いて腕を磨いた。武術に長けたがゆえに、将軍になってからの危機管理は徹底しており、寝込みを襲われても利き腕だけは斬られないよう、生涯を通じて右腕を下にして寝ていたと言われている。

また明治維新後、静岡へ行ったばかりの頃は、お信とお幸という2人の側室とともに、Y字に寝るようにしていた。Y字になれば、暗殺者が四方のどこから入ってきても、暗闇のなかで誰かにぶつかるため、脱出の可能性が高くなるからだ。

幼い頃から人の上に立つことを期待された慶喜は、厳しいしつけのもと、決して楽ではない幼少期を過ごしていたのだ。

●「大政奉還」は起死回生のための作戦だった

1866（慶応2）年、徳川家茂が第二次長州征伐の途上、病に倒れて21歳の若さで他界すると、30歳の慶喜に将軍の座が回ってきた。

しかし、そのころには、もはや幕府の求心力は地に墜ちていた。かつては自分を将軍にしようと躍起になっていた薩摩藩も、今となっては幕府にとって長州藩とともに倒すべき敵。もはや反幕府の勢力を抑えるのは困難な状況となっていた。慶喜にとっては貧乏くじを引かされたようなものだった。

鳥羽伏見の合戦ののち、大坂に退却する慶喜を描いた浮世絵

日に日に気運が高まる、薩摩・長州の武力による倒幕。先手を打つかたちで、慶喜が仕掛けたのが、大政奉還である。長年続いてきた武家政治にピリオドを打ち、朝廷に将軍職を返上することになった。

この大政奉還については、慶喜が権力を手放しただけだと誤解されがちだが、むしろ、その逆である。見かけだけ朝廷に政権を譲ることで、実権を掌握し続けるという慶喜の作戦であった。

なにしろ、朝廷としても急に政権を渡されて国政の運営ができるはずもない。全国から諸藩が集まって大名会議が開催されるまで、徳川幕府は依然として権限を持ったまま存続。権力を朝廷に渡すと言いながら、天皇が持つわずかな御料地すらも、これまで通り、徳川が管理することになった。

慶喜の大政奉還に慌てたのが、大久保利通《おおくぼとしみち》や西郷隆盛らの倒幕派である。政権を担っているからこそ、それを返上するように迫り、武力で幕府を倒すことができるのであって、自ら返上されたのでは上げた拳を振り下ろすことができない。徳川の領地は徳川のものであり、事実上の権力者は何ら変わらないことになってしまう。

何とかせねばと、岩倉が主導して、薩摩藩・長州藩へ徳川慶喜追討の詔書を降下。明治天皇のサインもない偽勅だったが、もう時間もなく、なりふり構わず、慶喜討伐を急いだ。だが、慶喜の大政奉還が一日早かったことで、その陰謀さえも潰されてしまったのだ。

絶妙のタイミングで大政奉還を行った慶喜。勢いに乗っていたことは、誰の目にも明らかであった。あとは、大名会議で幕府中心の雄藩連合を主導すれば、実質は何も変わらず、幕府の支配が続くはず。幕府崩壊のピンチを、新体制構築のチャンスに変えようと、慶喜は目論んでいたのである。

しかし、慶喜の思う通りにはいかなかった。大政奉還が行われた10月14日から約1カ月後の11月中旬、朝廷は全藩に召集をかけたが、11月末までに上京したのは、わずか16藩に過ぎなかったのである。

大名たちの反応の薄さを目の当たりにしているうちに、12月9日、王政復古の大号令が岩倉具視らの働きかけによって出されて、幕府の廃止が打ち出された。そして、冒頭の鳥羽伏見の戦いへとつながっていく。

こうした動きをみれば、大政奉還は慶喜にとって、終わりではなく、むしろ自分の政治を始めるための大勝負だったことが分かるだろう。慶喜は幕臣を説得するため、文書でこう述べている。

「皇国の大権を一にし、天下と共同会議、全国の力を尽くして事に従って、海外万国と並び立つべき大業期すべきなり」

海外諸国と並ぶ国になるために、全国の力を尽くそうではないか――。

そういう慶喜が目指した政治は、イギリス流の議員政治と実権なき君主制との並存だった、と野口武彦は『慶喜のカリスマ』で分析している。

慶喜は開成所教授職にあった西周《にしあまね》を小部屋に呼び出しては、イギリスの議員制度や三権分立について、質問攻めにした。30歳という若さを考えても、慶喜は一国のリーダーとしてのポテンシャルは高かったと言えるだろう。

●充実のセカンドライフ

江戸城の無血開城が行われ、江戸時代から明治に突入すれば、歴史の教科書では、慶喜の出番はもう終わり。西郷や大久保のストーリーがメインになる。しかし、慶喜の人生はそれからも続く。

それどころか、明治新政府の中心メンバーよりも、慶喜は長生きした。西郷は51歳、大久保は49歳、木戸は45歳、岩倉は59歳で、この世を去っている。一方で、慶喜は享年77歳と、歴代将軍の誰よりも長生きしている。大政奉還を行った30歳の時点は、人生の折り返し地点ですらなかった。

表舞台から姿を消した慶喜は、第2の人生を大いに楽しんだ。狩猟や能楽に馬術とジャンルを問わず、興味の赴くままに趣味に没頭。少年時代からの弓も晩年まで楽しんだし、本格的に取り組んだ油絵や写真についていては、作品もいくつか残っている。

油絵では、まだ画材が手に入りにくい時代だったため、キャンバスや絵の具など代用品をつくっていたという。その努力に慶喜の芸術的感性が見てとれる。

ほかに書、和歌、俳句などでも非凡なセンスを発揮。東京の日本橋の欄干に刻まれている「日本橋」の文字は慶喜によるもので、現在でもその筆致を観ることができる。

なかでも没頭したのが写真で、自分を撮影させたものは、古くは慶喜が将軍になる前の禁裏御守衛総督を務めていた時代のものがある。将軍時代には、大阪城でイギリス公使パークスと会談したときの写真や、ナポレオン3世から贈られた軍服をまとった写真などがあり、貴重な資料として残っている。

謹慎生活に入ると、写真の枚数が増えていき、次第に慶喜自身がカメラを構えるようになった。その傾倒ぶりについて、京都で慶喜に仕えた渋沢栄一が編者を務めた『徳川慶喜公伝』では、次のような記述がある。

「写真を研究しては、夜を徹することもしばしばで、にわかに上達し、静岡の風光明媚なところはおおむね公のレンズにおさめられた。人物の撮影も深く究められ、公の手で作られた写真は、同族にわけあたえられたものも少なくない」

「公」とは慶喜のこと。自分で撮影した写真を家族に配布する姿は、元将軍の権威を微塵も感じさせず、微笑ましいものがある。

撮影のために外出することも多かった。『徳川慶喜――将軍家の明治維新』では、その回数がカウントされており、はっきりと分かる記述だけでも、1893（明治26）年で30回、1894（明治27）年で28回、1895（明治28）年で11回もあったという。

カメラへの強い情熱は、子孫のDNAに受け継がれたようで、慶喜公直系の曾孫として1950（昭和25）年に生まれた徳川慶朝はカメラマンとして活躍中である。

慶朝は著書で、慶喜が写真に着色したり、立体写真を撮影したりと、ただのカメラ好きではなく、革新的な手法を取り入れたことを評価している。そして、彼は慶喜の生涯をこう総括している。

慶喜撮影の「安倍川鉄橋上り列車進行中之図」。鉄ちゃんだった？

徳川慶喜という人は、将軍職にあったときよりも、その後、静岡や東京で暮らしていた頃のほうが、絶対に幸せだったと思うのだ。たとえ、強大な権力など失われても、美女三千人の大奥がなくなっても、自由に趣味に没頭できた日々のほうが、はるかに幸せだったはずだと。

将軍を辞したことで、慶喜はようやく本当の人生を送れたのかもしれない。

第二章 明治 帝国の躍進

近代の逸話 其の8

【英雄伝説が危機を招いた?】

西郷生存説が起こした大津事件

●星になったと信じられた西郷隆盛

古今東西、英雄の死には「生存説」が付いて回るものである。

「牛若丸」の幼名で知られる源義経は、壇ノ浦の戦いで平家を滅ぼしたのち、兄・頼朝と対立。朝敵として追われることになり、奥州平泉で自害している。

しかし、実は自害せずに北海道へ逃げ、海を越えて大陸へ渡り、チンギス・ハンになってモンゴル帝国を築いた、という言い伝えがある。実際に、北海道には「義経神社」があり、義経の木像が祀られている。

また、徳川家康を窮地に追い込み「日本一の兵《つわもの》」と言われた真田幸村にも、生存説が付きまとう。大坂夏の陣で討ち死にしたとするのが一般的だが、豊臣秀頼とともに大坂城を脱出し鹿児島に逃れた、という伝説が根強く残っている。

平安時代や戦国時代の話だから、と笑うことは難しい。なぜなら、文明開化した明治にあっても、そんな英雄の伝説が世間では信じられていたからだ。

その英雄が、西郷隆盛である。

西郷は、倒幕を成し遂げた中心人物の一人だが、明治政府の発足後は大久保利通や岩倉具視らと対立。1877（明治10）年、政府軍を相手に西南戦争を起こすが敗れ、自決している。

生存伝説は死後に作られるものだが、西郷にまつわる伝説は、なんと彼の生存中から広まっていく。伝説は大きく分けて2つあり、まず一つ目が、西郷が星になったという「西郷星伝説」である。

これは、毎晩1時頃に辰巳の方角に現れる赤色の星を望遠鏡でよく観察すると、陸軍大将の制服を着た西郷隆盛の姿が見える、というもの。まるで月のウサギのような扱いだが、これは大きな星のなかに浮かぶ西郷の姿を描いた錦絵をきっかけに爆発的に国民の間で広がって、物干し台から見物しようとした人が続出したという。

同様の錦絵は何種類もあるが、そのうちの一つが、1877（明治10）年の「鹿児島各県　西南珍聞」だ。西南戦争がまだ終わっていない頃から、西郷が伝説化

「西郷星」を眺める人々

していたことが分かる。

そしてもう一つの伝説が、西南戦争の後も西郷は生き延びてロシアに脱出し、ロシア皇太子のニコライが来日するタイミングで、一緒に帰国するという「西郷生還伝説」である。

突拍子もないデマが流れたきっかけは、1891（明治24）年3月25日の鹿児島新聞に載った投書だった。その内容は、西郷がシベリアでロシア兵の訓練を行い、1884（明治17）年には黒田清隆《くろだきよたか》が西郷を訪ねて、2人で日本の将来について議論を重ね、1891（明治24）年に帰朝すると約束した……というものである。

妙に具体的だったせいか、新聞各紙がこの風説を取り上げたため、そう信じ込む国民も少なくなかったようだ。新潟の「北辰新聞」にいたっては、西郷の生死について読者の投票で決めるというユニークな企画まで行っている。

これだけなら、英雄譚の後日談に過ぎず、むしろ微笑ましい印象を受けるだろう。

だがこの空想が、現実の日本で歴史的な事件を起こすに至るのである。

●津田三蔵の仰天動機

1891（明治24）年4月、ロシアの皇太子ニコライが来日した。

当然、西郷が一緒に帰ってくることはなかったが、それでも「ロシア将官のなかに西郷に似た人物がいた」と新たな噂が生まれるなど、風評はなかなか収まらなかった。

不平等条約の足かせに、大国ロシアの脅威。山積みだった明治政府の課題を、西郷ならば一点突破で片付けてくれるのではないか。そんな期待があったからこそ、人々は荒唐無稽な噂話を信じようとしたのだろう。

そして、ニコライの来日から1カ月後、思わぬかたちで、西郷伝説が注目を集めることになる。長崎、鹿児島に立ち寄ったニコライは、神戸から京都へ向かう。その京都から滋賀への日帰り観光中に、事件は起こった。

ニコライが大津・京都間を人力車に乗って移動していたとき、なんと警備巡査の津《つ》田《だ》三蔵《さんぞう》が持っていたサーベルで斬りつけてきたのである。車夫が身を挺して庇うが、ニコライは右側頭部に9センチ近くの傷を負った。

警備員が本来は守るべきの国賓に刃を向けたこと、また、その相手が当時の日本が最も敵に回したくない大国ロシアの皇太子だったことから、明治政府は大いに慌て、謝罪対応に追われた。明治天皇はすぐさま京都へ足を運び、ニコライを見舞っている。

一歩間違えれば戦争につながる大事件の発生に、西郷

人力車に乗るニコライ。車夫の活躍によって危機を脱した。

が帰ってくるなどというデマは、あったことすら吹き飛んだかと思いきや、ここで意外なつながりを見せる。ニコライを襲った津田の供述によると、事件を起こした理由は、明治天皇のものとして、次のような言葉が新聞で紹介されたためだという。

「もし西郷が帰ってきたなら、西南戦争の官軍側の勲章を取り上げるか」

もし発言が事実だとしても、ただのジョークである。だが、津田は真剣にそれを受け止めた。なぜならば、西南戦争で官軍に従事し、勲七等に叙せられたことは、津田にとって人生最大の誇りだったからだ。

西郷が帰ってきたとなると、勲章を取り消されてしまう――。

それだけは避けたいと、津田は西郷を連れてきたというニコライを暗殺しようとしたのである。これが大津事件の真相とされる説の一つであり、そのほかに、津田が以前から日本に強硬なロシアへの反感があったという説もある。

誤解がまた新たな誤解を生み、伝説がまた新たな伝説を生む。空の上で、英雄たちも苦笑していることだろう。

近代の逸話 其の9

【目に見えぬ死神が日本を襲う】

コレラパニックが吹き荒れた

●火葬場が大繁盛した

幕末の負の遺産の総決算であった西南戦争は、大津事件以外にも明治日本に暗い影を落とした。「虎狼痢《ころり》」「暴瀉病《ぼうしゃびょう》」「虎烈剌《これら》」「虎利剌《これら》」……。

表記はバラバラだが、これらの恐ろしげな用語は、みな同じ病を表している。江戸時代後期から明治時代にわたって、大流行した急性伝染病「コレラ」である。

19世紀初期から20世紀初期にかけて、コレラが世界的に流行すると、日本でもコレラ患者が増加し始めた。感染後、激しい下痢と嘔吐が始まり、やがて全身痙攣を引き起こすというもので、死亡率も高かった。

第1次流行は1822（文政5）年のこと。まだ人や物の交流も盛んではなかったため、感染者は九州・中国地方、近畿地方にとどまり、江戸まで広がることはなかった。

それが、第2次流行を迎えた1858（安政5）年となると、事情が変わってきた。国内の交易はもちろん、6月には日米修好通商条約が調印され、正式に鎖国が解かれていた。早々と条約調印の1カ月前から、アメリカ船ミシシッピー号が長崎港へ入港。その船員が感染源となって、コレラは長崎から全国へと波及した。

その結果、江戸では、3～4万人に上る死亡者が出たともいわれている。感染すれば「ころり」と死んでしまうことから、「虎狼痢《ころり》」と恐れられたのも、この頃である。発病後3日目で死ぬため「三日コロリ」という呼び名もあった。

コレラの脅威は、「頃痢《ころり》流行記」の口絵にある「茶毘室混雑の図」を見ればよくわかる。そこでは、死者が多すぎて、大混乱に陥った江戸の火葬場が生々しく描写されている。

●1年で10万人以上の死亡者

だが、江戸後期の流行は、ほんの序章に過ぎなかった。本当の地獄は明治時代に訪れた。政府が統計を取り始めたのは、国家の基盤ができてきた1877（明治10）年からだが、その年のコレラ患者の数は1万3816人、死者数は8027人に上った。あの西南戦争中に軍隊内でコレラが発生したため、帰還兵が帰国先で感染を広げたといわれている。

その翌年こそ感染は落ち着いたものの、2年後の1879（明治12）年は、目を疑うような統計結果となっている。患者数は16万2637人に上り、死者数はなんと10万5786人。同規模の感染は、１８８６（明治19）年にも起こっており、そのときの患者数は15万５９２３人で、死者数にいたっては10万８４０５人と、明治以降で最も多かった。

爆発的にコレラが流行した背景には、実は外交問題が絡んでいた。

コレラの感染をなんとか防ごうと、明治政府は１８７８（明治11）年、各国官吏を含めた共同会議の場で、検疫規制を作成した。海外からの感染経路を断つために、必要な手段だったが、これにイギリス公使のハリー・パークスが反対。当時、結ばれていた不平等条約を根拠に、イギリス人が日本の法規を犯しても何ら問題ないという態度を貫いた。

「荼毘室混雑の図」。死体で溢れかえっていることが一目瞭然。

そして翌年、事件は起きた。7月15日、検疫所に停泊させていたドイツ船ヘスペリア号が、無断でそこを出て横浜に入港してしまったのである。検疫無視の指示を出したのはドイツ公使。コレラ検疫を理由に日本側が規制を強めるのを警戒したがゆえの行動だった。感染リスクよりも、自国の利益と面子を優先させた愚挙であった。

１８９５（明治28）年にも、コレラ感染によって４万人の死亡者が出た。このときは前年の日清戦争からの帰還兵が感染源だといわれている。感染は外から持ち込まれることを防がなければ、大変な事態を招くのだ。

最終的に、明治期を通じたコレラの死者数は、37万人にも達した。これは日清・日露戦争による死者数をも上回るものだった。

●民衆が大反発した「コレラ一揆」

コレラが大流行した、1879（明治12）年、新潟では民衆が暴動を起こしている。『明治医事往来』（立川《たつかわ》昭二《しょうじ》）でその様子が詳しく書かれている。まずは8月5日、コレラ死亡者を護送していた巡査2名が襲撃を受けた。襲撃者たちは死人が入った棺おけで鐘を打ち鳴らすと、数百人の群衆が集まってきて、街中の米屋を次々と打ち壊し始めたという。

巡査たちが抜刀して、なんとか取り押さえたが、3日後の「朝野新聞」では、「新潟港の貧民米価格暴騰に狂ひ立ち、大挙米商を襲撃——処々に放火」と報じられた。記事では騒動の原因として「米価沸騰」「コレラ予防による魚類販売禁止」「コレラ患者を避病院へ送ること」の3つを挙げている。

また2日後にもやはり新潟で、700人が暴徒と化した。きっかけは、ある男が散薬を服用しているのを見た人が「毒物を川に投入している」とデマを流したことだった。騒ぎになったので、巡査が男を連行して事情を聴いている間に、みるみるうちに群衆が警察署を取り囲み、竹やりや鳶口《とびぐち》を振り回して、署を破壊し始めた。

興奮した民衆は、連行されていた男を撲殺。それだけではまだ足りず、商人の家を数軒と医師の家2軒を襲撃し、さらに避病院、検査所も破壊してしまった。結局、死者13人が出る大騒ぎとなった。その後も同様の暴動が次々と起き、それらの背景に、コレラ対策への不満が共通していたために「コレラ一揆」と呼ばれた。

それにしても、動機が不可解である。感染者を病院に隔離することも、果物や魚類の売買に制限をかけるのも、どれもコレラ感染を拡大させないために必要な対策である。民衆にとっても感染の拡大は避けたかったはずなのに、なぜ、それほどまでに反対運動が起きたのだろうか。

その理由としては、まずはコレラ患者を隔離するための避病院の環境が、あまりにも劣悪だったことが挙げられる。

患者はバラックの板囲いに入れられて、治療もほとんど受けないまま、死亡していくことがほとんど。そのうえ、警察官の立会いのもと、火葬されていくのだから、民衆にとっては「恐怖病院」でしかなかった。なかには、コレラ患者を天井裏にかくまう者までいたという。これでは、対策は逆効果であり、ますます感染が広がったことは容易に想像できる。

そして、警察や医師の消毒・隔離を行う態度が、あまりにも強硬だったことも民衆の不信感を生むことになった。疑いがあれば、土足で家に踏み込んでくる警察たちを揶揄して、1882（明治15）年にはこんなチョイト節が流行した。

「いやだいやだよじゅんさはいやだ
じゅんさコレラの先走りチョイトチョイト」

当時のコレラ対策がいかに理解を得ていなかったかがわかるだろう。

猛威を振るったコレラの予防法は、1883（明治16）年にロベルト・コッホがコレラ菌を発見したことで大きく前進し、1893（明治26）年頃からは細菌学的な検査法が導入された。その結果、だんだんと患者は減少していき、明治20年代には患者が万単位に、明治30年代、40年代へは患者が千単位となり、ようやく感染の嵐は収束していった。

近代の逸話 其の10

【巨額の費用を投ずるも……】

失笑された鹿鳴館のドタバタ劇

●5億以上かけて鹿鳴館を建てた理由とは？

「ここは日本ではない。白人とわれわれが国境を忘れて交わる場所なのだ」

1883（明治16）年11月28日、鹿鳴館の開館式が行われた。夜会の準備時に外務卿の井上馨《かおる》は、妻の武子にこう語りかけたという。その日は、井上の誕生日でもあった。

鹿鳴館は、現在の日比谷公園に隣接して建てられたルネサンス様式の迎賓館であり、設計はイギリス人建築家のジョサイア・コンドル。2年以上かけて完成に漕ぎ着け、総工費は14万円あまりに上った。今の紙幣価値に置き換えれば、5億6000万円以上となる。

明治政府にとっては大きな出費となったが、外国貴賓を歓待するための施設を設けることは、井上の悲願だった。その脳裏には、これまでの苦労が想起されていたに違いない。

1878（明治11）年にロンドン旅行から帰国した井上は、工部卿に就任。頭を悩ませたの

鹿鳴館の舞踏会の様子を描いた浮世絵

が、日本に訪れ始めた外国の貴賓たちをどこに迎えるかということ。皇居が5年前の火事で焼失したままで、東京には洋風建築の迎賓館が一つもなかったのである。やむを得ず、井上は新築したばかりの工部卿官邸に貴賓を招いたこともあったが、床の間に似つかわしくないダルマがあったり、粗末な絨毯が敷いてあったりしたため、代替品を探すために井上の秘書が東奔西走する始末だった。彼が外国貴賓の対応にそれだけ気を遣ったのには、理由がある。

　当時、まだ開国間もない日本にとって、江戸幕府が諸外国と結んだ不平等条約は大きな足かせとなっていた。外国人には治外法権があり、日本は関税自主権を行使することもできなかった。

　しかし、不平等条約を撤廃させるのは簡単なことではなかった。現に１８７１（明治４）年には、岩倉具視を大使とする使節団を欧米に派遣し、条約改正を目指したが、失敗。不平等条約を解消するためには、日本がもはや未開国ではなく、欧米諸国に引けを取らない近代国家へと成長したことを、対外的にアピールしなければならなかった。

だからこそ、欧米人を招いても恥ずかしくない建物で、外国からの客人をもてなすことが、対等な外交を行うための近道だと、井上馨や彼を取り立てた初代内閣総理大臣の伊藤博文は考えた。

衣食住とあらゆる分野での西洋化を急いだ井上にとって、鹿鳴館は近代日本の象徴ともいうべき存在だった。この鹿鳴館を中心にした外交政策のことを「鹿鳴館外交」と呼ぶ。

ロシア文学者の内田魯庵《うちだろあん》は、当時の様子を次のように回想している。

「当時の欧化熱の中心地は永田町で、このあたりは右も左も洋風の家屋や庭園を連接し、瀟洒《しょうしゃ》な洋装をした貴婦人の二人や三人に必ず邂逅《であ》ったもんだ。（略）このエキゾチックな貴族臭い雰囲気に浸りながら霞ガ関《かすみがせき》を下りると、その頃練兵場であった日比谷の原を隔てて鹿鳴館の白い壁からオーケストラの美くしい旋律が行人を誘《そそ》って文明の微醺《びくん》を与えた」

鹿鳴館の誕生に、明治人は文明開化の息吹を肌で感じていた。

●外国人からは失笑されていた

鹿鳴館が開館されると、毎夜のように舞踏会が開かれることになった。そこで何とか外国人たちに近代化した日本人の姿を見せようと、男性の多くは燕尾服をまとい、頭にはシルクハットをかぶって会場に現れた。

しかし、それは外国人から見ると、かなり滑稽なものだったようだ。フランスの海軍士官で作家でもあったピエール・ロチは「江戸の舞踏会」でこんなふうにスケッチしている。

巨費を投じて造られた鹿鳴館の外観

「燕尾服というものは、すでにわれわれにとってもあんなに醜悪であるのに、何と彼らは奇妙な恰好にそれを着ていることだろう！　もちろん、彼らはこの種のものに適した背中を持ってはいないのである。どうしてそうなのかはいえないけれど、わたしには彼らがみな、いつも、何だか猿によく似ているように思える」

　燕尾服を買うために10年の月賦を組んだ男性までいたというのに、散々な言われようだ。

　一方、女性はと言うと、正式な夜会服であるローブ・デコルテをまとっている者は少数派で、その容姿についても、「つるし上った眼の微笑、その内側に曲がった足、その平べったい鼻、なんとしても彼女たちは異様である。どう見ても本物らしいところがない」とまで言われてしまっている。

　さらに開館日の舞踏会でダンスを踊ったのは、外国人ばかり。伊藤博文と井上馨も見物組だったというから情けない話である。

　そこで、ベルリン生まれのヨハネス・ルートヴィヒ・ヤンソンをダンスの指導者として迎えることになった。ちなみに、ヤンソンは駒場農学校に雇われていた獣医学の教師で、舞踏に長けていた。尻込みする女性たちも多かったが、伊藤博文の妻、梅子が勧誘に力をいれて、70人近い会員を集めている。

ヤンソンが組んだある日のプログラムを覗いてみると、カドリール、ワルツ、ポルカ、カレドニヤン、マズルカ、ランシュ、ギャロップという流れになっている。新聞に「西洋踊りはわいせつで困り切なる馬鹿踊りなり」と叩かれながらも、日本人らしい勤勉さで、参加者はダンスをマスターしていった。

だが、所詮は付け焼き刃。ダンスをこなすことに精一杯で、楽しむ余裕などはとてもなかったようだ。

なんとか西洋人に認められたいと懸命に努力すればするほど、外国人の目には滑稽なものに映っていた鹿鳴館外交。それでも、当時の人は、自分たちがどう思われているかなど知る由もない。

●伊藤博文の好色ぶりが白日のもとに

外国人の目にはやや奇異に映った鹿鳴館での舞踏会だったが、当時の女性にとっては「鹿鳴館に行く」ということが、ステータスでもあった。そのような場で、妻帯者の身でありながら女性との逢瀬を大いに楽しんだ人物がいた。

噂になった伊藤博文（左）と戸田極子（右）

その不届き者とは、他でもない、我が国の初代内閣総理大臣、伊藤博文である。

もともと女癖が悪く、幕末に薩長同盟が成立した際には足しげく薩摩藩邸へ顔を出したが、それは遊郭で有名な丸山に通う目的もあったと言われるほど。

そんな伊藤のかねてからの好色ぶりが露見したのが、この鹿鳴館時代からだった。

歴史家・田村栄太郎の『歴史の人物を抉ぐる』では、こんな記事が紹介されている。

> ここで末代まで残るのは、戸田氏共夫人との関係。戸田氏共は旧大垣藩主、夫人極子は岩倉具定の妹で、当時社交界の花形といわれた美人。外人も日本人も争ってダンスの相手となろうとしたほど男性を悩殺した。博文も垂涎三千丈！
>
> ある春の日の一夜、夫人と馬車を同じゅうして鹿鳴館を出た。行く先は巷説頻々、名花の燥朋を伝えた。また人のいない一室で歓談に夜をふかしたとか、夫人がはだしで逃げだしたとか、

しかし、ことはついにかまびすしい噂のあいだに葬られた。

「博文も垂涎三千丈！」という表現が生々しいが、こんなスキャンダルが出た後に、夫の戸田氏共が公使館参事官から一足飛びにオーストリア駐在全権大使として赴任が決まったことから「やはり何かあったのだ」と、世間の騒ぎはさらに大きくなっていった。

新聞でも、うわべだけの文明開化を問題視する論調が広がっていくなか、井上が進めていた不平等条約の改正案が外に漏れてしまう。その内容が不平等の撤廃からは程遠い中途半端なものだったため、国民の不満はピークに達した。ついには政治問題化し、井上は外務大臣を辞任。それと共に、わずか４年で「鹿鳴館外交」も終焉することとなった。

近代の逸話 其の11

【不平等条約解消の裏側】

日本人が知らない明治の外交力

●戦争で勝ったからではない

「鹿鳴館外交」では打破できなかった、江戸幕府が諸外国と結んだ「安政の五カ国条約」、いわゆる不平等条約。これが解消された経緯については、次のように誤解している人が少なくない。

「日清・日露戦争に勝利したことで、日本は国際的に認められ、不平等条約が解消された」

しかし、少なくとも治外法権の撤廃は、日清戦争の前から決まっていたことだ。条約改正の交渉については井上馨の後、大隈重信・青木周蔵と担当が引き継がれたが、いずれも失脚して頓挫。満を持して登場したのが、陸奥宗光である。頭脳明晰なことから「カミソリ大臣」と呼ばれた人物だ。

陸奥は『蹇蹇録《けんけんろく》』という外交記録で、次のように綴っている。

「そもそも、条約改正の大業は、明治維新以来の我が国の念願であり、これを成し遂げない限りは、明治維新による偉大な事業もまだ完成していないというのが、我が国全体で一致した意見であった」

日本が江戸時代に不平等条約を結んだ相手は、アメリカ、イギリス、フランス、ロシア、オランダと5カ国に及ぶ。1892（明治25）年、第2次伊藤内閣が発足されると、外務大臣に就任した陸奥は、多国間で話し合うのではなく、突破口として、一国との条約改正を目指した。その相手とは、世界の覇権国であるイギリス。与《くみ》しやすいところからではなく、最も難しい国を崩すことができれば、他の国も追従するだろうという目論見だった。

そのためには、ほんの少しの妥協にも反対する国粋主義者たちを封じる必要があった。陸奥は国会の演説にて、開国によって貿易額が5倍にも上り、国が豊かになったことを挙げながら、次のように言った。

> 気宇の大きい外交方針をとることは、忍耐力があり、進取の気象のある人民を持つ国以外にはできないのであります。

これは陸奥の「歴史的演説」として評価されているが、そうして国内の反対を抑えつつ、イギリスと粘り

〝カミソリ大臣〟陸奥宗光

イギリスがアフリカ大陸を支配している様を風刺した絵

強く交渉を続けた。函館へのイギリス船寄航を認めるなど、相手へのアメも巧みに使った。

そして、１８９４（明治27）年7月16日。日英通商航海条約が調印され、関税自主権の回復は一部にとどまったが、治外法権の撤廃を勝ち取った。

この日について、陸奥はこう振り返っている。

> 私がこの間にどれほど苦心惨憺して、舵取りに多忙を極めたかは言葉にすることができない。しかし、いま、この喜ぶべき知らせに直面して、これまでの長きにわたる苦労を忘れることができた。

陸奥は明治天皇に報告した後、ロンドンに打電してイギリス首相に謝意を伝えている。日清戦争が起こるわずか8日前の出来事だった。超大国・イギリスとの交渉が成功したことで、同様の条約を14カ国とも結ぶことに成功し、すべては陸奥の読みどおりに進んだ。

ちなみに、条約の発効自体は5年後の１８９９（明治32）年となったこと、また関税の完全自由化が１９１１（明治44）年になされたことなどが、「不平等条約の撤廃は、日露戦争の勝利によってもたらされた」と誤解される要因となった。

不平等条約という大きな問題が、戦争によって解決されたのではなく、地道な外交によって解消されたということは、もっと広く知られるべきではないだろうか。

●三国干渉は想定内だった

陸奥の手腕は、日清戦争終結後も遺憾なく発揮された。

臥薪嘗胆《がしんしょうたん》——。復讐のために耐え忍ぶことを意味する四字熟語だが、日清戦争が終った後の日本では、この言葉が流行語となる。なぜ、勝利した日本が耐え忍ばなければならなかったのか。

1895（明治28）年、下関講和会議が開かれると、全権として臨んだのは伊藤博文と外務大臣の陸奥だった。その結果、朝鮮の独立を清に認めさせたうえで、日本の国家予算の4倍にも当たる賠償金を獲得。

さらに、遼東半島、台湾、澎湖《ほうこ》諸島などの領土が日本に譲渡されることになった。しかし、それに待ったをかけたのが、ロシア・ドイツ・フランスである。この三国によって、遼東半島の返還を迫られる「三国干渉」が行われ、日本は一度得た領土を手放さざるを得なくなった。

涙を呑んだ日本国民が心に刻んだ言葉が、冒頭の「臥薪嘗胆」。その相手とは、三国干渉を引き起こしたロシアだ。フランスはロシアの同盟国であるため、足並みを合わせただけであり、ドイツについてはロシアとフランスの接近を恐れて参加したに過ぎなかった。

当時の新聞の風刺画。欧米列強のテーブルに「新人」として登場。

「打倒ロシア」を叫ぶ国民。「弱腰外交だ」と批判を加える野党。いずれにとっても三国干渉は寝耳に水だったに違いない。だが、ロシアが干渉してくることは、伊藤と陸奥にとっては、想定内の出来事だった。事前にわかっていたからこそ、日清戦争で勝利が見えてきたときに、2人の意見が分かれることになる。

　伊藤は、日清戦争に勝利した暁には、日本と清国で交渉をまとめるまでは、講和条件の内容は諸外国に知られないようにしたほうが、干渉を受けずに済むと考えた。確かに、事前に条件が漏れてしまえば、両国で妥結する前に「ちょっと待った」と第三者から口を挟まれやすい。その前に締結してしまおうというのが、伊藤の腹だった。

　一方で、陸奥はイギリスへ根回しをしておくべきだと考えた。「朝鮮への清の干渉をなくすためには、遼東半島を日本に割譲させることが重要である」と、イギリスにも賛同してもらえるようにあらかじめ働きかけておけば、ロシアも干渉をためらうのではないか、という考えだった。

　しかし、陸奥の案には弱点がある。もし、イギリスに同意されなければ、遼東半島どころか、他の高額な賠償金や、台湾取得についてもケチをつけられる可能性があったからだ。

陸奥もそのことは十分に理解していた。だから、伊藤の案でいくことが決まると、次のように書いている。

「両説とも理にかなったものであるが、誰も、こんな機微に触れる問題で将来を見通せるものでもないのだから、どちらの説が正しいかは、すべて将来の結果にかかることである。必要なのはつまるところ、あらかじめ閣内の一致を見ておくことだったので、自分は伊藤総理の意見にためらわず従った」

繰り返すが、これは日清戦争が終結する前の話である。

実際に勝利が決まる前に、すでに講和の条件はもちろん、それに対して、周囲の国がどんな反応を示すかまで十分に考慮し、さまざまな展開を予想したうえで、議論を詰めていたことがわかる。

結果的に三国干渉は行われることになったが、実際に起きてから騒ぐ国民や野党に比べて、2人の見通しの正確さは際立っていた。生き馬の目を抜く帝国主義時代において、明治日本は確かな外交力でその地位を確かなものにしていったのである。

近代の逸話 其の12

明治の反乱「竹橋事件」とは

【二・二六、五・一五事件だけじゃなかった】

●高まる徴兵制への不満

急速な近代化に加え、日清・日露戦争の勝利と、明治はそれ以降の時代と比べ「あの時は良かった」「見習うべきだ」と語られがちである。確かに、殖産興業を進め植民地となることなく列強と渡り合ったことは誇るべきだ。

しかしその裏には、他の時代と同じく深い闇が広がっていた。55人の若者が命を落とした「竹橋事件」が、そのことを物語っている。大日本帝国の名誉を傷つけたこの事件は、帝国陸軍が解体されるまで公で語られることはほとんどなく、封印されていたと言っても過言ではない。

1878（明治11）年8月23日、東京の竹橋にある近衛砲兵大隊の兵士らが蜂起した。その数、200人あまり。陸軍史上初となる兵士の反乱は、後に「竹橋事件」と名づけられた。この事件はなぜ起きたのか。説明するには、明治時代から施行された徴兵制について言及せねばならない。

徴兵制が施行されたのは、1873（明治6）年1月10日だが、その前年の11月に「徴兵の詔」と「徴兵告諭」の全文が公開された。そのなかの一文が物議をかもすことになる。

西人之ヲ称シテ血税ト云フ。其生血ヲ以テ国ニ報スルノ謂ナリ

まだ「血税」という言葉がなかった時代。これを読んで、西洋人に生き血を搾り取られると誤解した農民たちが「血税一揆」を起こしている。

笑い話のようだが、当時は西洋人が飲むぶどう酒を人間の血だと勘違いしていたとも伝えられている。妙なリアリティがあったのかもしれない。

しかし、徴兵制への反対は、そんな勘違いによるものばかりではなかった。貴重な労働力が強制的に徴集されることへの抵抗感は大きく、国民は徴兵から逃れるため

事件の発端となった近衛砲兵たち

に、さまざまな知恵を絞った。免役規定の対象が「一家の主人たる者」、「跡取り息子」、「一人っ子あるいは一人の孫」、「養家に住む養子」だったので、兵役逃れのため、養子に出される者まででいた。

まだ天皇が神格化されていない頃である。お国のために命を捨てたいと思う者は少なかった。その前年、西郷隆盛が政府に反旗を翻した西南戦争で、多くの兵士が戦火で命を落としたり、重傷を負ったことの影響も大きかった。直接的に生き血を搾り取られることはなくても、それと同様のことが戦場では起きると、西南戦争は広く国民に教えてくれたのである。

そのように、ただでさえ嫌悪された徴兵制度だが、経費削減の名のもとに、兵士の待遇がどんどん悪くなっていく。さらに、約6万6000人が動員された西南戦争では、政府側が勝利したものの、恩賞は上層部だけにとどまった。それどころか、下士官・兵には逆に減給が行われる有様だった。

下の者が苦しい生活をするなか、高位高官の人たちが西洋にかぶれて、奢侈な生活をしていれば、若者が反乱を起すのはむしろ自然の流れのように思える。徴兵制度の施行から5年。その不満がピークに達して、竹橋事件が勃発することとなった。

●スピード裁判で葬られた55人の若者

反乱兵士たちは蜂起すると、止めに入った砲兵大隊長と付添いの大尉を刺殺し、山砲を2発撃って厩舎に火を放った。

そして、明治天皇の仮皇居になっていた赤坂離宮へと向かう。天皇に徴兵制度そのものや待遇への不満を直訴するためである。

しかし、彼らの訴えが天皇に届くことはなかった。反乱兵士たちは皇居門前まで詰め掛けたものの、そこで待っていたのは、鎮圧のために配備された近衛歩兵隊や東京鎮台の歩兵たちだった。彼らを味方に取り込むことができなかったことが、若き革命を頓挫させた。

「歎願の趣きあり！」

反乱兵士たちの最後の叫びもむなしく、1人はその場で自決の道を選び、取り囲まれた93人の男たちは武器を捨てた。反乱はわずか数時間で収束を迎えることになった。

鎮圧後、取調べでは壮絶な拷問が公然と行われた。そして、異例のスピードで裁判が行われた結果、処罰が下されたのは394人。うち55人が銃殺されることになった。急ぎ足で裁判が行われたのは、ちょうど明治大皇の全国巡幸を実施しようとしていた矢先だったため、なんとかそれまでに決着をつけたいという政府の意向が働いたからだ。

竹橋事件の詳細については、裁判の口供書を基礎資料に使った澤地久枝《さわちひさえ》の『火はわが胸中にあり』で、詳細に綴られている。

本書の処刑者名簿の年齢を見れば、愕然とさせられるだろう。最年長が28歳で、最年少はたったの21歳。平均年齢にいたっては24歳である。あまりにも多くの若い命が奪われたことになる。

8カ月にもわたって行われた西南戦争では、斬罪されたのは22人に過ぎなかったが、たった数時間で鎮圧された竹橋事件で、その倍以上の刑死者が出ているのだ。政府にとってはそれほど「あってはならない事件」であり、葬り去りたい「明治の闇」だった。

近代の逸話 其の13

【フンドシと煎豆が止められない！】

天才参謀秋山真之のトンデモ伝説

●どうしても立小便が止められない

日露戦争での日本の勝利を決定づけた戦いといえば、日本海海戦である。司令長官・東郷平八郎率いる連合艦隊が、ロシアのバルチック艦隊を撃破したことは、世界の海戦史上の奇跡とさえ言われている。その作戦立案にあたったのが、参謀の秋山真之《さねゆき》である。

敵艦隊の進路を横一文字に遮断して斉射を浴びせる「T字戦法」や、昼夜にわたり奇襲と砲雷撃を繰り返す「七段構えの戦法」など、的確かつ画期的な戦術で勝利を引き寄せた。

「天才参謀」と呼ばれるのにふさわしい結果を残したわけだが、突出した才能を持つ者は、時に常人には理解できない奇癖を持っていることが少なくない。真之も例外ではなかった。

真之には「思い立ったらいつでもどこでも立小便をする」という困った癖があった。海軍大学校の前に大きな桜の木があるのだが、その根元に海軍少佐の軍服のまま、小便をひっかける姿が何度も目撃されている。

　その奇癖は、アメリカ留学中にも発揮された。フィラデルフィア郊外に位置する、造船技師のアメリカ人の家を訪ねたときのこと。真之は玄関ベルを押すや否や、ふらりと中庭に出て植え込みのところで勝手に立ち小便をし始めて、同行者をひやひやさせている。相手が玄関に出てくる頃には、しっかりと小便を終えて、手も洗わずに笑顔で握手したという。家の中でトイレを借りれば良いのでは……。

天才参謀・秋山真之

　そして帰国後のある日、いつものように立小便をしているところを、ついに巡査に見つかってしまった。すると、真之はこんなふうに懇願して、巡査を驚かせた。
「すまんがのう、これだけさせてくれんかな、もし」
　そう言うと、真之は規定以上の罰金を支払ったという。真之にとっては、立ち小便を止めるくらいならば、金を支払ったほうがマシという感覚だったようだ。
　ちなみに、立小便と並んで放屁も彼の好む習慣で、大きい音でぶっ放しては「あ、屁か」と言うのが常だった。

●我を忘れて好物をむさぼった

その真之が愛して止まなかった食べ物が煎り豆。上着の両ポケットに常備して、食べたくなれば、人通りがあろうが、旗艦の作戦室だろうが、おかまいなしでバリボリと食べていた。その姿はまるで類人猿であり、事実、東郷平八郎や加藤友三郎《ともさぶろう》は、動物を飼っているつもりで我慢していたそうだ。

日本海海戦時の戦艦三笠艦橋の様子。中央の東郷平八郎の右隣で記録をとっているのが秋山真之。東郷の左隣が加藤友三郎だ。

ちなみに、アメリカやイギリスに行ったときは、日本から三斗（約54リットル）も煎り豆を送ってもらっていたという。ここまでくると、完全に「煎り豆中毒」である。

しかし、当人は自分がそれだけの煎り豆を食べていることに、気づいているかどうかも怪しいもの。というのも、次のようなエピソードがあるのだ。

日露戦争中、いよいよロシアのバルチック艦隊が来襲する、その直前、各司令官と参謀長らが、戦艦三笠の司令長官室に集められた。召集をかけたのは、東郷平八郎である。帝国の存亡を決する大勝負を前に、一同緊張の面持ちで作戦を検討していた。

そんなとき、突然、真之がテーブルの皿に盛られたリンゴを手に取り、かじり始めたのである。周囲は呆気にとられたが、本人はというと、自分がリンゴを食べていることに気づいていないような顔つきだったという。

煎り豆をバリボリ食べながら、艦橋や甲板で何かアイディアが浮かぶと、部屋のベッドで寝転び、天井を見つめて瞑想していた真之。驚くべき奇行の数々は、周囲が見えなくなるほどの高い集中力と表裏一体だったのだ。

●真之流ふんどしのススメ

真之の変人ぶりは、その装いにも表れていた。

日露戦争の日本海海戦のとき、真之はベルトを褌《ふんどし》のように股間にまきつけて、戦艦を徘徊していたのである。しかし、これには彼なりの理屈があった。「褌はなくてはならないもの」として、ある手紙で、次の4つをその理由として挙げている。

一、心気を丹田《たんでん》に落ち着けるから逆上を防いで、智力や気力の発動が自在にできる。
二、腹部に力がこもるから腕力を強く使える。
三、呼吸が楽になるから、息切れを防げる。
四、体の中心と重心とを一致させることができるから、体を軽くして歩く速度が速くなる。

文面では、さらに「これらの効用の明らかなことは私が多年実験していることで、日露戦争中、黄海、日本海などにおいても私は必ず、まず褌を締めて艦橋に上り、確かに心の動揺を防ぐことができたという自覚があります」と丹田を締め付ける効用について熱弁をふるっている。

さて、真之はこの「ふんどし愛」に満ちた手紙を、一体誰に出したのだろうか。それは意外なことに、慶應義塾大学の野球部である。

経緯はこうだ。日露戦争の勝利から2年後の1907（明治40）年、慶應義塾はハワイのセントルイス野球団を招待して交流戦を行った。海外チームの招待は初めてのことで注目されたが、結果は連戦連敗。その様子を熱心にウォッチしていたのがネット裏の真之である。なんとか勝たせてやりたいと、真之は激励のためにこの手紙を書いた。

真之の兄で日本騎兵の父・秋山好古

救国の英雄からの手紙に、野球部員たちは大喜び。最後の試合で言われたとおりに褌を締めて臨んだところ、見事に勝利することができたと伝わっている。名参謀の面目躍如たる奇策となった。

●兄・好古も強烈なキャラクター

マイペースで奇行だらけだった真之だが、頭の上がらなかった相手がいる。それは、兄で陸軍大将を務めた秋山好古《よしふる》である。

真之は1868（明治元）年、下級武士の五男として生まれたが、すでに男の子が4人いたため、生活は苦しかった。両親が「お寺にやってしまおうか」と相談していたところ、それに猛反対したのが、三男の好古だった。

「お父さん、赤ん坊にお寺にやっちゃ、嫌ぞな。追っつけウチが勉強してな、お豆腐ほどのお金をこしらえてあげるからな」

お豆腐ほどのお金、とは札束のこと。10歳の好古にそういわれて、心を打たれた両親は、お寺に預けることを思いとどまった。そのことを両親から聞かされた真之は、「兄さんのためなら命もいらん」と子ども心に思うようになったという。

真之は15歳のとき、中学校を中退して上京。東京の陸軍士官学校に在学中の好古と同居しながら、東京大学予備門を目指した。これも、田舎でくすぶっていては偉くならない、という好古の意向が働いたためだ。

好古は真之の学費を自らまかなう一方で、弟のことを厳しくしつけた。母が真之に送ってくれた綿入れの足袋は「贅沢だ」として捨ててしまうし、別の兄から縮緬《ちりめん》の兵児帯《へこおび》をもらったときも、同様に許さなかった。

贅沢品を身につけることだけではなく、真之は新聞を読むことも咎められた。その理由は兄曰く、「まだ頭がかたまらないうちに、新聞など読んではいけない」というもので、かなり強いポリシーで弟の世話をしていたことがわかる。

奇癖だらけの真之とは違って、一見まともそうに見える好古。だが、やはり血を分けた兄弟。この好古も、なかなか強烈なキャラクターだった。

好古が陸軍大学で教えていた頃の話だ。ある授業で「騎兵の特性は何か」と学生に問うたことがあった。だが、尋ねておきながら、好古は生徒からの回答を待つことなく、「これだっ！」と叫んで、教室の窓ガラスに打撃を繰り出して、粉々に割ってしまった。

機動力を武器にして、一瞬で敵の戦力を粉砕せよ——ということだったらしいが、拳を血だらけにしてまで伝える姿勢は「この兄ありて、この弟あり」と感じさせられる。

好古の豪快さは、ときにうっかりミスにもつながったようだ。好古がパリに留学しているとき、日本陸軍の最高責任者だった山県有朋が訪ねて来たことがあった。山県は日本から持ってきたお土産を好古に託して、リヨンにいるフランス陸軍の高官へ届けるようにと、好古に命じた。

しかし、好古は出かけたと思ったらすぐに帰ってきて、こんな衝撃的な告白をした。

「閣下からお預かりした土産の品物を汽車のなかでなくしました」

山県が気分を害して「秋山、それじゃあ、子どもみたいじゃないか」と言うと、好古はこう返した。

「はい、秋山は子どもみたいなバカであります。だが、フランスでは汽車の中で品物が消えてなくなります」

近代の逸話 其の14

【明治の外交戦略の基軸となった】
身分違いの「日英同盟」その裏側

●「玉の輿」に大喜び

秋山兄弟を含む帝国陸海軍の奮闘で、日露戦争は日本の勝利に終わったわけだが、その勝因として見過ごせないのが日本とイギリスの「日英同盟」である。

1902（明治35）年、日英同盟が締結されたことは、日本国民にとってこれ以上ない吉報であった。なにしろ、相手は圧倒的な経済力と軍事力を誇り、どの国とも同盟を組まない「名誉ある孤立」を保っていた、イギリスである。極東の小国・日本が対等な同盟関係を結べる相手ではなく、誰もが耳を疑うようなニュースだった。

「かくのごとく著しき同盟の成立を、衷心より慶賀せざるもの一人もあらざらんこと勿論の儀」

このように「国民新聞」が、日英同盟は日本人みなが喜んでいる、と書いたのも当然であった。ただし、遠くイギリスに留学中のある日本人は例外だったようだ。その男とは、夏目漱石

イギリスとアメリカが、日本にロシアから火中の栗（中国・朝鮮半島）を取らせようとしている。

である。漱石は極めてクールな筆致で、日英同盟について次のように書いた。
「あたかも貧人が富家と縁組を取結びたる喜しさの余り鐘太鼓を叩きて村中かけ廻るやうなもの」

身も蓋もない言い方だが、鋭い洞察だろう。日本の喜びようは、結婚で思わぬ玉の輿に乗って喜んでいる姿そのもの、というわけである。現に日英同盟について、「月とスッポンの結婚」と揶揄されることもあった。

なぜイギリスは、貧しい家との縁組をする気になったのか。それはロシアの脅威に対抗するためである。日清戦争で日本に敗北した中国は、イギリス、フランス、ロシアなど列強の餌食となり、無残に国土が分割されていった。なかでも政治的影響力を強めたのがロシアである。もともと中国に最大の権益を持っていたイギリスは、ロシアの支配を何とか防ぎたかった。そしてもちろん、日本にとっても、ロシアの南下政策は懸念材料だった。

両国の利害の一致を優先して、日本とイギリスは手

イングランドの最高勲章「ガーター勲章」を受ける明治天皇

を組むことになったのだ。

●同盟から逃げたドイツの思惑

あまり語られていないことだが、当初の日英同盟には、ドイツも参加する予定だった。

１９０１（明治34）年3月18日の時点では、ドイツ駐英大使代理エッカードシュタインは、日本の駐英公使の林董に、日独英三国同盟を示唆していた。にもかかわらず、結果的にはドイツは抜けて、イギリスと日本の二国間での同盟となる。

そこには、ドイツのある思惑があった。

ドイツが最も恐れていたのは、ロシアが日本と同盟を組むことだった。そうなれば、ロシアの勢力がバルカンに向けられてしまうからである。つまり、ロシアが極東への勢力拡大を図ることが、ドイツにとってはベストであり、そのためには、日本がロシアと戦争してくれるのが手っ取り早かった。

だが、日本も馬鹿ではない。今の状況では強敵ロシアと対峙しようとは思わないだろう。ならば、イギリスに日本の味方になってもらえれば、日本もロシアに立ち向かう気を起こすのではないか。よし、ならば我がドイツが同盟に加わる振りをして、日英同盟の土台を作ろう――。

ドイツはそう考えたのだ。後に外務大臣を務める石井菊次郎が『外交余録』で綴った表現を現代語訳して、ドイツの行動の理由について、さらに補足しよう。

「名誉ある孤立大国を誇るイギリスに、黄色人種の日本と同盟させるには、ドイツが進んで同盟に参加する気概を見せなければならない。しかし、日英にさらにドイツまで同盟に加われば、ロシアが怖気づいて極東への勢力拡大が鈍るかもしれない。そうなっては困るので、ドイツが加わるとみせかけて、日英で話が大分進んでから、ドイツだけが降りるのが賢明だと考えたのだろう」

結果的にはドイツの思惑通りとなったわけだが、例えそうだとしても、日本もイギリスと同盟を結び日露戦争に勝利したのだから「結果オーライ」だったと言えるだろう。

●伊藤博文は同盟に反対するも及ばず

国民を大いに喜ばせた日英同盟だが、日本の首脳陣のなかには、慎重論を唱える勢力もあった。その急先鋒が、伊藤博文と井上馨である。二人は、イギリスよりもむしろロシアと同盟を結ぶべきだと考えていた。いわば「戦争回避派」というスタンスである。

反対に、首相の桂太郎、外相の小村寿太郎、そしてそのバックにいた山県有朋らは「対露主戦派」で、イギリスと手を組んで、ロシアに対抗するべきだと主張していた。

主戦派の代表格だった小村寿太郎（左）と桂太郎（右）

強硬派から「恐露病」と揶揄された伊藤だが、ロシアとの戦争を避けるべき、という主張は日本の国力を踏まえれば、妥当な判断だった。

三国干渉でロシアに屈辱を味わわされた後、確かに日本は強くなった。国家予算における軍事費を日清戦争中の約3割よりさらに引き上げ4割強まで拡充。日露戦争の直前には、海軍の規模は4倍にもなり、世界32位から5位にまで海軍力を高め、イギリスからも一目置かれるようになった。陸軍も日清戦争時の7個師団から、13個師団と、ほぼ倍増させている。

しかし、それでもロシアの海軍は日本の2倍である。さらに陸軍については75師団にもおよび、兵力は２００万人。日本の兵力25万人に比べて、その差は歴然だった。だからこそ、伊藤はロシアとの戦争を避けようとしたのである。現実主義者の伊藤にとって、イギリスと組んでロシアに対抗するというのは、荒唐無稽な考えだった。

伊藤は先手を取るためロシアに赴き、ウラジミール・ラムスドルフ外相と日露協商を結ぶための交渉を開始。なんとか日英同盟を食い止めようとした。

しかしその間に、桂首相が日英同盟締結の方針を決定してしまう。そして、1902（明治35）年1月30日に小村外相が第一次日英同盟協約をロンドンで締結。伊藤は主戦派にしてやられた。

無念だったに違いないが、対立している最中、伊藤は自身が設立した政党「立憲政友会」に宛てて、こんなメッセージを送っている。

「国際競争の現状を踏まえれば、強固で永続的な政府が必要である。そのため、国家的な重大な理由がないにもかかわらず、内閣に反対するものに私は同情することができない」

この伊藤の言葉は、弱腰だと党員たちから叩かれることになるが、たとえ自分と異なる方針でも決まったことならば従う、という姿勢は、評価されるべきだろう。

さて、そんな国内外で侃侃諤諤の議論が行われた末、実現した日英同盟だが、日露戦争で大いに日本に寄与することになった。条約の内容は「戦争の場合にはお互いに中立を守る」というもので、イギリスからの軍事的援助は得られなかったものの、軍事情報の収集や戦費の調節の面で、大きなメリットがあった。また、フランスやドイツに中立維持への外交的な圧力をかけることもできた。

日英同盟なくして日露戦争は勝利できなかったことを考えると、桂や小村は慧眼だったといえる。だが、日英同盟を結ぶにあたって、列強と渡り合いながら相手の腹を探ったり、また国内の反対派と議論を戦わせたこと自体も、近代国家に仲間入りしたばかりの日本を大いに鍛えたのではないだろうか。

●世界が絶賛した「ポーツマス条約」を日本人は罵倒

臥薪嘗胆が叶って、日本が日露戦争で大国ロシアに勝利したことは、世界中を驚かせた。日本国民が沸きに沸いたことは言うまでもない。そして1905（明治38）年、米国大統領セオドア・ルーズベルトの仲介のもと、ポーツマス条約が締結された。

日本側の全権大使は、外務大臣の小村寿太郎。その高い英語力と状況に応じた迅速な判断力から、陸奥宗光が見込んだ人物である。陸奥が道筋をつけた、関税自主権の完全回復を達成したのも、小村だった。だが、講和会議から帰った小村は散々に叩かれることになる。ロシアから賠償金をとることができなかったからだ。

講和条約の破棄ばかりではなく、戦争の継続を唱える集会が全国各地で開かれ、新聞各社は、小村の外交手腕をなじった。例えば、「万朝報《よろずちょうほう》」の社説は、次のようなものであった。

「帝国の光栄を抹殺し、戦勝国の顔に泥を塗りたるは我が全権なり、国民は断じて帰朝を迎ふることなかれ。これを迎へるには弔旗を以てせよ」

しかし、国民が知らないだけで、日露戦争は薄氷を踏むような、危うい勝利だった。最後の会戦となった「奉天会戦」では撤退するロシア軍を追撃する余力もなく、一方のロシア軍はシベリア鉄道が全線開通し、50個師団を集める兵力をも秘めていた。戦力比では、明らかに日本

旅順攻囲戦にあたる日本陸軍。およそ6万人の死傷者を出した。

の分が悪かった。

しかしながら、国内で「血の日曜日事件」が起きたため、ロシアが戦争どころではなくなったことと、日本がかなり優勢だと誤解したアメリカのルーズベルト大統領が仲介を名乗り出たことで、何とか日本が勝利国として講和へとこぎつけることができたのである。

賠償金こそ取れなかったものの、この講和会議で日本は「南樺太の割譲と遼東半島租借権の譲渡」や「朝鮮半島における優越権」を得ている。どっちに転んでもおかしくはなかった戦況を考えれば、出来すぎとも言うべき結果だった。

さらに、賠償金を放棄したことで、日本の国際的な評価が高まったことは、ほとんど知られていない。アメリカやイギリスの新聞は、日本の寛容さに賛美を送っている。デイリー・ニュースは次のように報じた。

「日本は戦争で示した偉大さを講和条約で裏付けた。日本の寛大さは世界史上例を見ないものである」

だが、誤解した日本国民の怒りは留まることをしらず、東京日比谷公園で開かれた全国集会では、3万人もの群衆が公園に突入。警察と乱闘騒ぎになり、500人以上の負傷者を出す「日比谷焼き討ち事件」が勃発した。このとき、講和会議の仲介をしたアメリカにも怒りの矛先は向けられた。東京の内務大臣官邸や外務省だけではなく、アメリカ大使館や教会まで襲撃されたため、いったん上がった国際的な評価は下落してしまった。

政府、陸海軍の俊英たちの努力で列強の仲間入りを果たした大日本帝国。しかし、いたずらに強硬論を煽るマスコミと、それに乗せられる国民という構図は、将来の日本を徐々に危うい方向へ追いやるものであった。一抹の不安を残したまま、時代は明治から大正に移っていくのである。

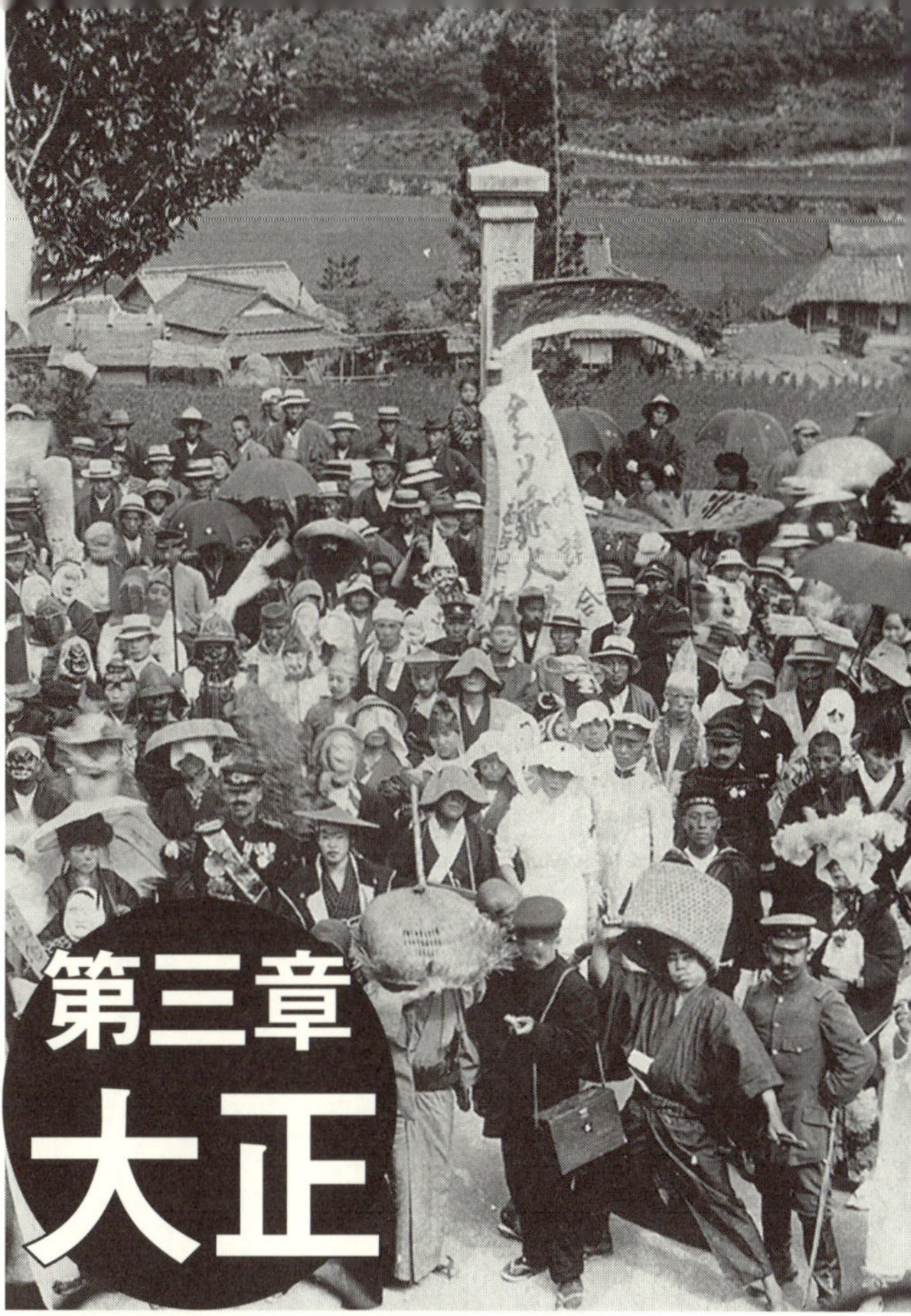

第三章 大正

成熟の時代

近代の逸話 其の15

【現代とは真逆の悩みがあった】

多子化に苦しめられた大正時代

●「間引き」も行われた庶民の苦しさ

現代の日本では「少子化」が深刻な社会問題となっているが、豊かになった大正時代に生きる人々はむしろ「多子化」に悩まされていた。果たしてどれほど子どもが多かったのか。

年間出生数を見ると、現代は2005（平成17）年に約106万人という最低記録を更新し、それ以後は大きな変化がない。一方で、大正時代については前半で年間約180万人の子どもが誕生している。

ベビーブームの1947（昭和22）年が約270万人だったことを考えれば、それほど多くないと思うかもしれないが、大正時代の総人口は、現在の半分にも満たないのだ。

しかも、出生の届出がないケースも今より多かったと考えられるので、実態は数字以上だった。人口1000人あたりの普通出生率を見てもそれは明らかで、1920（大正9）年の

36・2をピークに、それ以降は下がる一方である。

大正時代は、既婚者の女性は5～6回妊娠するのが当たり前で、10回以上の出産も決して珍しくなかった。当時は、病院ではなく自宅で産むのが一般的であり、死産も年間に十数万件あったにもかかわらず、それだけ多くの子どもが生まれたということは、女性の妊娠回数はさらに多かったということである。

大正時代の子どもたち。家業の手伝いなどで意外に忙しかった。

少子化に悩む私たちからすると、子どもが多かったという時代は羨ましい限りだが、多子化には多子化の問題があった。それは家計が著しく圧迫されることである。

なかには、経済的な事情からやむなく妊娠中絶をさせたり、その費用すらない場合は、生まれた後に窒息させて殺すといった残酷な「間引き」も行われた。間引きは主に農村で行われ、それも労働力としての価値が低い、女の子が多かったと言われている。

もちろん、避妊する方法がなかったわけではない。大正時代にもクエン酸、ホウ酸、サリチル酸などを用いた避妊薬があったが、一般家庭に普及するレベルではなかった。

庶民は産児制限をするためにはどうすればいいのか、

研究会を立ち上げてまで検討している。1923（大正12）年に発足した神戸産児制限研究会では、次のような会員の悩みがあったという。貴重な記録を、白梅学園短期大学教授の草野篤子が発掘している。

私の五十二円の給料と妻の十円とを合わせて約六十円で、1カ月3人が暮らしていくのはかなりの苦痛である。そのうえ、私は身長一六六センチで、体重四十八キログラムに足らぬ者で、妻は肺炎と腎臓炎を患って、たいてい薬に親しんでいます。私にとっては産児制限は直面する厳粛な問題となっているのです（下級官史）

私どもの生活は主人の日給二円五十銭、月収六十二円内外で、4人の子どもを育てなければならないのです。周囲が極めて不衛生な所ですから子どもの生活もとにかく不養生がちで、随分とみじめなものでございます。またこれ以上子どもができては家族共倒れです（一般工）

こういった悩みは国家運営の観点に立っても見過ごせない。極端な人口増加は社会構造をいびつにしてしまう。大正の若者が就職難に苦しむことになったのは、その表れだった。

●「親父の威厳」のカラクリ

大正の女性を悩ませたものは、多産の他にもあった。

不妊症の女性も現在より多く、6～9％はいたとされている。たくさん産んで当たり前の多子化の社会では、子どもができにくい女性へのプレッシャーは、今よりもさらに大きかったことだろう。

また、亭主関白が当たり前の時代だったため、子どもを授からないことを理由に他に女性を作ったり、それを妻から責められれば、暴力をふるって、暴言を浴びせるような夫も多かった。当時の新聞の悩み相談欄には、そのような女性の嘆きが数多く掲載されている。

子どもが生まれ過ぎては悩み、一人も生まれなくてもまた悩む。女性にとっては大変な時代だった。

「地震雷火事親父」の錦絵

ところで、「地震・雷・火事・親父」と言われるように、かつての親父は家族にとって恐ろしい存在だった。子どもができないことを妻だけのせいにして、自分勝手に振舞えるのも、そんな親父の「強さ」と無関係ではないだろう。

多子化の背景にも、夫に求められれば、妻が拒否することなど許されない力関係があったのではないだろうか。

現代はその頃を引き合いに出して「まったく最近の親父は、家族にも邪険にされて情けない」と嘆く向きもあるが、少なくとも戦前の親父に威厳があったことと、男の強さは関係がない。単純に法律上、強い力を与えられていただけである。旧民法を紐解けば、家長には驚くほど大きい権限が与えられていたことがわかる。それは次のようなものだ。

戸主の同意なしには家族は居所を決められない
戸主の同意なしには家族は結婚も離婚もできない
戸主は家族の結婚を取り消す権利を持つ

戸主であれば、家族の結婚も住所も思いのままにできたのだ。どれだけ情けない男でも、家庭内で威張れるのは当たり前である。その一方で、女性の権利はないがしろにされていた。結婚して妻になった女性は、未成年者や準禁治産者、つまり、神経衰弱者、聴覚障害者、視覚障害者、浪費者と同様の無能者と、旧民法では定められていた。

平塚らいてうをはじめ、大正は女性が躍進した時代として知られているが、それは、ひどく抑圧されていたことの裏返しといえるだろう。子どもが多かったことも、親父に威厳があったのも、当時を生きた人からすれば、良い面ばかりではなかったのである。

近代の逸話　其の16

【現在の参議院に通じる役割】

貴族院は弊害ばかりだったのか？

●歳費がゼロの議員もいた

国家の富強を果たすため、近代化を急いだ明治維新後の日本にとって、必要不可欠だったのが立憲制の導入である。このとき定めた二院制が戦後の憲法でも引き継がれ、現在も衆議院と参議院に分かれているのは周知の通りだろう。一院の暴走を防ぐことができ、また政党内閣が自分の政党に有利な法案を通すのを阻止しやすいのが、二院制のメリットである。

大日本帝国憲法下では、現在の参議院は「貴族院」と呼ばれており、議員は現在とは全く違う選出方法だった。なかには、選挙で選ばれる必要すらなく、自動的に議員になれる身分の者さえいたのである。

貴族院を構成した議員について見てみよう。

まずは「皇族議員」である。成年に達した皇族男子は、自動的にこの皇族議員となる。具体的には満18歳以上の皇太子・皇太孫と、満20歳以上の一般皇族男子が議員となった。

次に「公侯爵議員」。これは、満25歳に達した公侯爵がなる議員である。

この2つを見ただけだと、貴族院はとんでもない差別的な制度だと思われるかもしれない。だが、現在の参議院議員とは異なる点を踏まえると、印象が少し変わる。

まず、皇族議員と公侯爵議員は議員職が「義務」であり、かつ議員歳費はなし。また、皇族議員は議会に出席することは基本的になく、公侯爵議員も人数が少ないがゆえに、議会への出席率は低かった。

それでも近衛文麿《このえふみまろ》、近衛篤麿《あつまろ》、徳川家達《いえさと》など、影響力のある貴族議員が公侯爵議員から出てきている。選挙がない代わりに、金銭的見返りもない議員だからこそ、よりフラットな見地から活動できたのではないだろうか。

なお、1925（大正14）年、貴族院令の改正によって、公侯爵議員になる年齢が満30歳にまで引きあげられ、勅許を得れば議員を辞職することもできるようになった。議員側からの要望が少なからずあったのだろう。政治への思い入れがなければ、意外と苦労だけが多い仕事だったのかもしれない。

一方で、選挙で選ぶ貴族議員もいた。

「伯子男爵議員」は、成年に達した伯爵、子爵、男爵たちのなかから、同爵者による互選選挙によって選出された。任期は7年である。貴族院で最も多かったのが、この伯子男爵議員で

貴族院。議員総数は250〜400名ほどで推移した。

あった。「日本郵便制度の父」と呼ばれた前島密《まえじまひそか》や、戊辰戦争で荒廃した京都を近代化させた槇村正直《まきむらまさなお》など、到底お飾りとは呼べない実力者も多かった。

また、貴族院という名称から、貴族だけがなれたと誤解されがちだが、男性であれば、自分次第でなる方法もなかったわけではない。

「勅選議員」の場合は、学識のある満30歳以上の男子のなかから勅任される議員で、任期は終身である（のちに、心身の衰えによって職務遂行が難しい場合は、辞職も可能と改正された）。

「多額納税者議員」は、各府県で土地あるいは工業商業によって多額の直接国税を納めた満30歳以上の男子15人のなから、互選で一人を選び、当選者が勅選された。任期は7年あるので、それなりに腰を据えて政治活動に取り組めたはずだ。

麻生太郎の曾祖父で、九州で石炭開発に成功した麻生太吉《たきち》や、オノ・ヨーコの祖父で安田財閥を切り盛りした安田善三郎も、高額納税者として長きにわたって議員を務めている。

貴族院令改正以後は、帝国学士院会員から互選によって選ばれた「帝国学士院会員議員」や、朝鮮および台湾に在住する名士から勅任された「朝鮮・台湾在住者議員」なども加わった。

特権階級の、特権階級のための、特権階級による議院だと思われがちだが、このように給料をもらっていない者もいたし、各方面から人材が集結していたのだ。

貴族院に内閣を打倒された山本権兵衛

●貴族院が本領を発揮したシーメンス事件

フランスが発祥とされている「ノブレス・オブリージュ」という言葉がある。「高貴なる者の義務」という意味で、つまり高い地位にある者は、それに見合う高い徳を備え、重い責務を果たさなければならない、という考え方である。

貴族院はまさに「ノブレス・オブリージュ」の精神を本分としていたのだ。実際は過半数政党によって政治が動かされるのが現実だったものの、貴族院がその精神を体現したのが1914（大正3）年のことである。

大正政変によって、第三次桂内閣が倒れたことは後述するが、その後は海軍閥である山本権兵衛による内閣が発足した。

ところが、海軍がドイツの軍需会社から賄賂を受け取っていたことが発覚。大きな波紋を呼ぶことになる。ドイツのシーメンス社から軍需品を購入していたため、この賄賂事件は「シーメンス事件」と呼ばれている。

このとき、貴族院は衆議院で通過した海軍補充費を否決。山本内閣を退陣に追い込んで、良識の府としての存在感を見せつけた。

確かに、身分の高さや富、もしくは知識の量で人を判断し、限られた範囲から議員を選んだ貴族院は、現代の民主主義社会にはそぐわないかもしれない。

しかし、改めて彼らの顔ぶれを見ると、伊藤博文、西園寺公望、桂太郎、大隈重信、若槻礼次郎、田中義一、近衛文麿など国民から愛された政治家も多かった。少なくとも〝衆議院のカーボンコピー〟と揶揄され、国民から不要論を唱えられる現在の参議院に比べれば、貴族院のほうが二院制としての特徴が打ち出されていたことは間違いないだろう。

近代の逸話 其の17

【どうだ明るくなったろう？】

成金たちの凄すぎる豪遊生活

●芸者を素っ裸にして配膳させる

日露戦争において、日本とロシアの激戦の行方を固唾を呑んで見守っている男がいた。

彼の名は、鈴木久五郎。埼玉県で鈴木銀行を設立し、たちまち東京進出を果たすなど経営はすこぶる順調だったが、戦争が起きてしまって経済の先行きが読めなくなった。

なにしろ、相手は大国ロシアである。戦況は長引くと見て、久五郎はロンドン行きの船に乗った。いてもたってもいられず、外国から情報を集めようと考えたのかもしれない。

だが、上海に到着した時点で「日本が二〇三高地を占領した」という意外なニュースが久五郎のもとへ飛び込んできた。

株の相場が動く――。そう直感した久五郎は一転帰国。周囲の制止にも耳を貸さずに、日糖株、鐘紡株、東京株式取引所の株を大量に買い込んだ。

日本が勝利すれば、株価が上がる。それを見越しての行動だったが、久五郎に確信があったわけではない。ただ、日本が日露戦争に敗れればどちらにしろ、財産どころではなくなる。「ならば、勝つほうに賭けるしかない」といういたってシンプルな考えからだった。

結果的に日本は勝利した。日本海海戦以後、株価はじりじりと上昇していく。久五郎の読みどおりの展開になっているかのように見えた。

奥の白い建物が東京株式取引所

だが、相場の行方は一筋縄ではいかないもの。戦争に勝ったにもかかわらず、まさかの賠償金なしというポーツマス講和条約の内容に、国民たちは大激怒。講和の内容に抗議する、日比谷焼き討ち事件が発生する。

米国公使館や教会までもがターゲットになった暴動を受け、株価は暴落。「久五郎が相場に失敗した」という情報を得た預金者たちは、鈴木銀行に殺到し預金を下ろし始めた。借金を重ねることで、取り付け騒ぎからは逃れたものの、久五郎は40万円、現在の紙幣価値にすれば、約40億円もの負債を背負うことになった。

さらに、暴漢に襲撃されて川へ転落し、肺炎を患ってしまう。まさに踏んだり蹴ったりである。

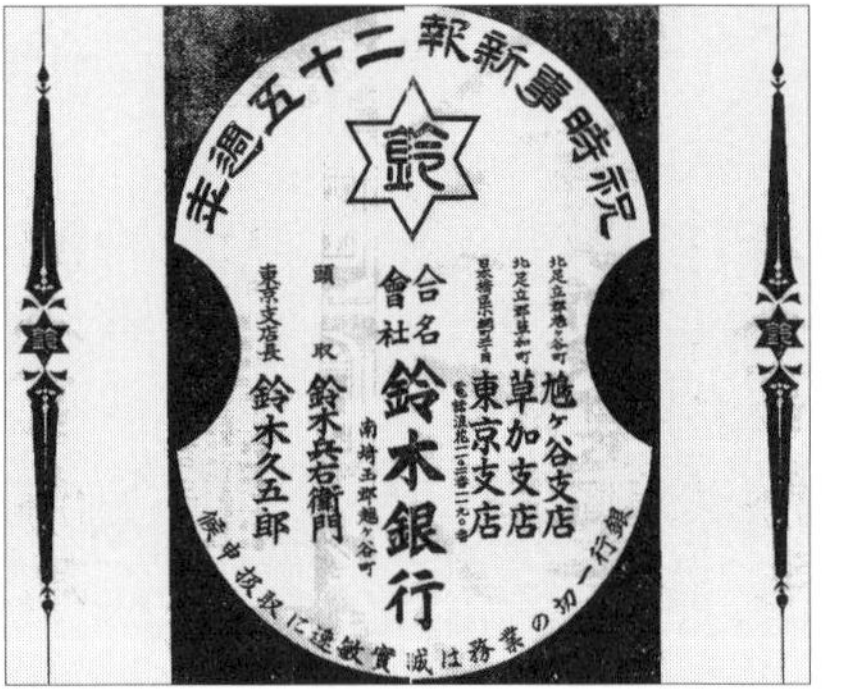

時事新報に掲載された鈴木銀行の広告

しかし人生というものは、どん底の後に大きな飛躍が待っているものだ。

ロシアが敗れ中国への商圏が拡大したことで、企業の利益が見込まれ始めると、株価は再び上昇の兆しを見せる。病床でも株を止めなかっただけではなく、買い方針を貫いた懲りない久五郎は、退院後に東鉄の株を１万３０００株も買い占めて一挙に28万円、つまり28億円あまりの利益を上げた。

その後も大胆な株取引が功を奏して、鈴木は５００万、今でいえば５００億あまりの巨財を築くのである。

その金で何をしたかといえば、芸者遊びである。新橋、柳橋、赤坂などで専用の芸妓に給仕させただけでは物足りず、料亭ごと買い切って馴染みの芸者を数十人招いたこともあった。

芸者たちの着物から足袋まで揃えたうえで、毎晩のように給仕させた。足袋の足首後ろ部分の合せを留める金具「こはぜ」が十八金だったというから、着物も相当に高価なものだったに違いない。

それも普通のサービスをさせるのでは、面白くない。金魚模様の着物を着せてから、ビールで作った池の底に沈ませておいた金貨を拾わせて乱れる着物を楽しんだり、芸者たちを丸裸にして、友人たちに配膳させたりしたこともあった。

それでも金が余って仕方がないので、料亭の障子襖をわざと叩き破って、10円札で繕ったこともあったという。

ここまで来ると、何が楽しいのか常人の理解を超えている。

芸者遊びばかりではない。久五郎は亡命中の孫文に会って、革命の資金として、10万円の小切手をその場で渡したこともあった。

久五郎から資金援助を受けた孫文

しかし、鈴木の豪遊はやがて終焉を迎える。明治末期の不況が起こると、あっという間に没落。まだ30歳だったが、一転して、電気やガスを止められるような貧苦にあえいだ。まさにジェットコースターのような人生である。

将棋のルールでは、「歩」が敵の陣地に入ると、いきなり金に「成る」ことができる。そのことから、久五郎のように短期間で成り上がった富豪のことを「成金」と呼ぶようになったのだ。

●世界大戦のおかげで国民総成金へ？

成金ブームは、日露戦争後だけではなく、第一次世界大戦中にも起きた。しかも、富豪のスケールが桁違いに大きくなった。

日露戦争後の成金は別名「株成金」と呼ばれたように、株の売買によって大金を稼ぎ出したに過ぎなかった。しかし、第一次世界大戦中の成金は、「船成金」「鉱山成金」と呼ばれ、大事業によって巨万の富を築いた人物が、次々と現れている。

誰もが目にしたであろう成金の生態

成金といえば、教科書に載っていたイラストを思い出す人も多いだろう。料理屋の暗い玄関で帰りの履き物を探す、髭をたくわえた恰幅のよい男性が、蠟燭代わりに百円札を燃やして「どうだ明るくなったろう」という台詞が書き込まれているものだ。

あれは第一次大戦中の成金を描いたもので、百円札は現在の紙幣価値で、なんと40万～50万円にもあたる。額を知ると、その破天荒ぶりに驚愕させられる。そもそも、日本が参戦してもいない大戦で、なぜ景気がよくなったのだろうか。

1914（大正3）年から4年間にわたって行われた世界大戦は、ヨーロッパの参戦国にとってはまさに消耗戦であり、人的・物的資源が大量に必要となった。銃器、弾丸弾薬、輸送船舶、軍服、軍靴、銅、澱粉、豆類……。ヨーロッパだけでなく、そこからの輸入に頼っていたアジア・アフリカ市場からも、次々と注文が殺到。日清・日露戦争という二度の戦争を経験していたため、日本の産業界はその需要に応えるだけの技術があった。

工場は大戦後の5年間で、約3万2000から4万4000あまりに増え、職工数は109万人から178万人になった。すさまじい伸びだが、それでも、工場をいくら建てても生産が追いつかず、人手が足りないくらいだった。

腕のよい職工は取り合いになり、給料も跳ね上がる。さまざまな業界が好景気に沸いたが、とりわけ船舶業界は大きな利益を上げた。膨大な輸出品の運搬を請け負いながら、ヨーロッパ諸国から日本船舶が雇われることもあったからだ。大戦が長引くごとに、利益は拡大し、日本船舶業界の運賃と傭船料の収入の総計は、大戦1年目が4240万円だったのが、5年目には4億9500万円まで増えている。

とはいえ、それも大戦が終わるまでのこと。戦時特需を見込んだ成金たちは、鈴木久五郎のように次々と没落していった。その浮き沈みに冷笑する庶民も多かったが、彼らには彼らなりの矜持があったようだ。

こんなエピソードがある。久五郎が孫文に資金提供したことは書いたとおりだが、実は、久五郎が貧乏暮らしに陥ったのちに、2人は再会を果たしている。そのとき、孫文は中華民国臨時大統領となっていた。

落ちぶれた久五郎とは雲泥の差である。その席で、孫文からありがたい申し出があった。

「昔、ご恩になった御礼がしたいのですが」

羽振りがよかった頃に、久五郎が孫文に出した資金は10万円、つまり現在ならば10億円。それだけ協力したのだから、貧苦にあえいでいる今、こちらが助けてもらう番だと思うのは当然だろう。しかし久五郎は金のことは口にせず、こんなお願いをした。

「もうすぐ、子供が生まれます。生まれる子が男にせよ女にせよ、あなたの名を一字頂きたい」

孫文はもちろん、快諾。久五郎のもとに生まれた女の子には「文子」の名がつけられた。

近代の逸話 其の18

関東大震災で日本を助けた国々

【3・11並みの支援の手が差し伸べられた】

●迅速かつ大規模なニッポン支援プロジェクト

2011（平成23）年3月11日、宮城県沖を震源とする東日本大震災が発生した。とてつもない揺れと大津波によって、多くの人命が奪われただけではなく、家屋や産業にも甚大な被害がもたらされ、その復興はいまだ道半ばである。

地震発生とともに、多くの国々が日本へ義援金を送ったが、突出していたのが、アメリカと台湾である。台湾については、人口はアメリカの10分の1で、平均所得年収が約160万円であるにもかかわらず、アメリカと同規模の義援金を送ったことになる。そのことは、日本人として、決して忘れてはならないことだ。

関東での大地震といえば、大正時代の関東大震災を想起する人も多いかもしれない。

1923（大正12）年、マグニチュード7・9の大震災が、関東地方南部を襲い、東京は壊滅的な被害に遭った。発生した9月1日が「防災の日」に定められていることからも、日本人がこの地震で受けたショックの大きさが分かる。

なにしろ、死者・行方不明者は合わせて10万人以上。多くの家庭や飲食店が火を使っていた昼時に発生したうえに、台風の影響による強風という悪条件が重なって大火災が起き、空前の被害をもたらすこととなった。

やはり当時も、海外から多くの支援が寄せられた。突出していたのは、3・11と同じくアメリカである。その規模について、『関東大震災と日米外交』（波多野勝・飯森明子著）が明らかにしている。

電報で震災の報を受け取ったのは、アメリカ第30代大統領カルヴィン・クーリッジ。副大統領だった彼がウォレン・ハーディングに代わって大統領に就任したのは、たった1カ月前のことだったが、その行動は実に素早く、指示も的確であった。

震災の翌日には、大正天皇に「貴国罹災民の難苦を減少する方法があれば、如何なる努力をも惜しむところにあらず」というメッセージを送った。

関東大震災の惨状。木造家屋の多くが被害にあった。

それと同時に、クーリッジ大統領はすぐさま陸海空軍に出勤命令を下し、中国に派遣されていたアジア艦隊を横浜へ向かわせている。

5日には7隻が横浜に到着。救援船がこれほど早く来たことに、連合艦隊第二艦隊司令長官だった加藤寛治は、こう舌を巻いた。

「米標準時とは、時の遅着ありといえども諜報の機微に驚く。いかなる方法によりしや取調べんとす」

人を派遣しながら、物資の調達にもぬかりはなかった。

フィリピン駐屯のアメリカ陸軍もまた、大統領からの指令を受けテントや医療器材を横浜へ運搬する準備にとりかかっていた。さらに、アメリカ船舶局も同じく大統領からの指示で、1カ月先までの乗客と積荷の予約をすべてキャンセルしてまで、日本へ大量の物資を輸送できるようにした。

東京の名所・凌雲閣も半壊

●一分早ければ、一人助かる

クーリッジ大統領の迅速な指示は、さらに続く。

それは、義援金の呼びかけである。

9月3日と6日の二度にわたって、寄付を訴える声明を発表。予定額は500万ドルとし、それを各州の人口と収入に応じて、ニューヨークは100万ドル、シカゴが80万ドルといった具合に、目標額を割り当てていった。

指示が極めて具体的だったからだろう。義援金集めは各州へとあっという間に広がりをみせた。ニューヨーク州では知事が「日本を助けよう！」という新聞の1面広告を出し、義援金を募り、また街頭募金では次のようなスローガンが掲げられた。

「一分早ければ、一人助かる」

シアトルでは「人道のために小銭を使え」というスローガンが使われるなど、義援金集めは各地で活発化し、さらに、石油業界、鉄道業界、電気機器業界などあらゆる職業の人が団結して募集委員会を立ち上げるという動きもあった。

その結果、地震発生から2週間弱の9月13日に当初の目標額500万ドルを突破。目標額は800万ドルに上げられたが、それも3日後には達成してしまった。11月末までには、1060万ドルが集まったというから驚きである。

関東大震災が起きたとき、日本国内では「朝鮮人が井戸に毒を投げ込んだ」というデマが拡散し、自警団による朝鮮人の殺害が行われた。

恥ずべき愚行が行われる一方で、外国からこのような支援を受けていたことを、今一度日本人は認識するべきだろう。

●サンフランシスコ大地震の布石があった

それにしても、なぜアメリカは、日本にこれほど手厚い支援を行ったのだろうか。実は、この一件の布石となったのが1906（明治39）年のサンフランシスコ大地震である。

明治天皇が20万円の下賜を申し出ると、財界からも15万円の義援金が集まり、結果的に日本政府は50万円の見舞金をサンフランシスコ市に送っている。これは当時の国家予算の1000分の1にあたり、現在の紙幣価値にして600億円にも上る。

また、この日本の積極的な申し入れが、当初は義援金を受け取らない方針だったアメリカの考えを変えさせて、グアテマラ、カナダ、ニュージーランドなど各国から義援金が到着することになった。

関東大震災のとき、ハーバート・フーバー商務長官は9月9日に、義援金募集を強烈に訴えながら、次のように述べている。

「日本がかつて示した好意に報いるべき時機が来た。豊かなアメリカ国民は到底、十倍、いや、百倍の義援を持っても足りない」

米国史上最大の災害のひとつサンフランシスコ大地震で壊滅した市街

誤解のないように断っておくと、日米関係は日露戦争の後、決して良好とはいえないものだった。アメリカは日本のさらなる大陸進出を警戒していたし、日本人の移民が増加した西海岸では激しい人種差別が行われていた。現にサンフランシスコ大地震で日本がこれだけの援助を行ったあとでも、日本人の学童を公立学校から隔離するという排日政策が実施されている。

しかし、たとえ対立していても、いや、対立しているからこそ、災害時に手を差し伸べる意味は大きいのではないだろうか。

ちなみに、サンフランシスコ大地震が起こった年の春の間まで、日本の東北は大飢饉に襲われていた。その惨状を見たアメリカ人宣教師が働きかけた結果、政府から義援金が送られていたことを最後に付記しておきたい。

近代の逸話 其の19

【気さくで家族思いなお人柄】

新しい皇室を目指した大正天皇

●側室を持たなかった子煩悩な父

明治維新後、近代日本の指導者として仰がれた明治天皇。そして、激動の昭和史の渦中にあって、圧倒的な存在感を示した昭和天皇。その間に挟まれた大正天皇は、いまいち印象が薄いというのが、日本人の率直な印象ではないだろうか。

それもそのはず、幼少期から病弱だった大正天皇は、47歳の若さで崩御。大正時代はたった15年で幕を閉じている。

しかし、大正天皇が従来のイメージを覆す新しい天皇像を打ち出したことは、あまり知られていない。絶対的な権威をふるった父・明治天皇とは対照的に、大正天皇は近代的な家族を築く「普通の父」であることを大切にしていた。

それは子煩悩ぶりに表れており、天皇になるまでの皇太子時代には、1901（明治34）年

近代的な家庭を作った大正天皇と貞明皇后

に生まれた迪宮裕仁《みちのみやひろひと》、その翌年に生まれた淳宮雍仁《あつのみややすひと》、そして1905（明治38）年に生まれた光宮宣仁《てるのみやのぶひと》の3皇子とよく遊んでいたという。青山御所で皇太子の手を引く大正天皇の姿が、写真にも残されている。

在位4年目の1915（大正4）年には、4人目の皇子・澄宮崇仁が生まれ、皇子たちはみな健康に育った。

さらに「普通の父」であったことを示すのが、大正天皇は初めて側室制度を廃した天皇だという事実である。つまり、4人の皇子はすべて貞明《ていめい》皇后との間にもうけられた子供なのだ。

大正天皇が選んだ貞明皇后は、どんな女性だったのか。旧摂関家の九条家の四女として誕生した貞明皇后は、幼少時に農家へ里子として出され、身体の丈夫なおてんば娘として育った。その壮健さは、「九条の黒姫様」と呼ばれたほど。お相手の大正天皇が幼少の頃から病弱だったため、すこぶる健康なところが、妃に選ばれる大きな要因となった。

側室を置かなかったこと、子宝に恵まれたこと、そして、子どもたちが健康に育ったこと。大正天皇と父の明治天皇とはいくつもの点で異なっていた。

明治天皇は皇后・美子《はるこ》との間には子どもができず、5人の側室の間に、15人の子どもをもうけている。そのうち皇子は5人いたが、うち4人が夭折。病弱ながらも唯一、大きく育った皇子が大正天皇だった。

大正天皇だけではなく、父の明治天皇、その父の孝明天皇も側室の子どもだった。そのことを考えると、大正天皇が側室を持たず、天皇の一夫多妻制を打破したのは、画期的だといえるだろう。

大正天皇の皇子たちの診療をしていたエルヴィン・フォン・ベルツは、日記にこんなふうに綴っている。

「今では東宮一家は、日本の歴史の上で皇太子としては未曾有のことだが、西洋の意味でいう本当の幸福な家庭生活、すなわち親子一緒の生活を営むようになった」

「皇子たちに対する東宮の、父親としての満悦ぶりには胸をうたれる」

大正天皇の写真が載せられた絵葉書には、家族の写真を並べたものもある。幸せな家庭生活を送る大正天皇の姿は、国民にとって微笑ましいものとして映ったに違いない。

●病魔と闘った青春時代

大正天皇は20歳のときに、後に貞明皇后となる15歳の節子と結婚すると、1900（明治33）年5月13日から6月2日にかけて、公式巡啓を行った。

三重・奈良・京都の1府2県。夫人同伴で、伊勢神宮や神武天皇陵への参拝のほか、大学や高校の訪問などを行った。よほど楽しかったのか、京都滞在は予定の6日間から、8日間へと延ばされている。これは大正天皇の健康状態を考えると、異例のことであった。

前述したとおり、大正天皇は生まれながらに病弱な体質だった。生まれてすぐに全身に発疹が出ており、それが治まったかと思うと、嘔吐、痙攣、発作などに悩まされた。6歳になっても学習院には入らずに、いったん個人教育を受けている。

8歳で小学校へ編入したが、病気の影響で進級できない年があったりと、体調は相変わらず。13歳のときには腸チフスを患った。中等学科は1年が修了した時点で中退となり、以後は個人教育へと切り替えられている。

健康ならば青春を謳歌する年頃に、病気とともに生きなければならなかった大正天皇。最も過酷だったのが17歳のときだ。

流行性感冒、腸チフス、肋膜炎、肺炎などの症状が次々と襲いかかり、8月には熱が42度まで上がって、重体に陥った。もはや学問どころではない。

そんな大正天皇の健康に回復の兆しが見え始めたのが、節子との結婚以降だった。公式巡啓を無事に成し遂げると、日本各地を行啓し始める。その範囲は沖縄を除く全土に及んだというから、婚前にあれだけ病気に苦しんだ人物とは思えないほどの行動力だ。

大正天皇が、皇后はじめ家族を大切にしたことと、過酷な病と闘った経験は無関係ではないだろう。「普通の幸せ」が何よりも、輝いて見えたのかもしれない。

●国民と積極的にコミュニケーション

周囲が気を揉んだのは健康問題だけではない。大正天皇は思ったことを何でも口に出したり、唐突に行動を起こす癖があり、それが時に関係者を慌てさせたようだ。原武史著『大正天皇』では、皇太子時代の行動がいくつか紹介されている。

皇太子が、小倉から熊本まで九州鉄道で移動したときのこと。福岡県知事も同乗したのだが、皇太子は愛煙家だったため、「汝はタバコを好むや」と言って、知事に自らタバコを差し出し、周囲を驚かせた。

また、熊本で生徒の寒中水泳を見たときは、「彼らはさぞ寒かるべし」と口に出し、結果水泳が中止になってしまったり、松茸狩り体験の後は、たくさん収穫できたことに「殊更《ことさら》に植へしにはあらずや」と〝ヤラセ疑惑〟を唱えて、関係者を戸惑わせた。

今でこそ、巡幸先で皇族が住民に声をかけて励ます

迪宮（昭和天皇）と淳宮、２人の子を可愛がる皇太子時代の大正天皇

姿は珍しくないが、大正天皇の時代には考えられないことだった。確かに、プライベートを秘匿し「現人神」としての威厳を生涯保った明治天皇のような頼もしさはなかったかもしれない。だが身近な存在として、気さくに声をかけてくる大正天皇に、これまでの天皇にはない親しみを感じた国民も少なくなかったようだ。

ほかにも、武術試合を観た後に、侍従の者に「さー、よいか」と掛け声をかけながら2～3回、木刀を振り下ろしたり、幼年学校を訪れた際には、自身の学習のために学生の歴史やフランス語の答案を黙って持ち帰ろうとしたのが発覚している。

新潟県に滞在したときは、早朝に裏門から抜け出して白山公園を散歩。警備責任者が必死に捜索したというから、なんとも人騒がせだが、健康状態が良いことに、はしゃいでしまったのかもしれない。

天皇に即位してからの京都行幸では、桃山陵を参拝していたところを新聞記者に盗撮され、紙面に載せられてしまったこともあった。周囲が不敬に憤る一方、本人は「これには内務大臣も困るだろう」と一笑するばかりで、全く怒りを見せなかったという。「開かれた皇室」を志向し、実像を見せてきた大正天皇にとって、生身の姿を晒すことへの抵抗感は皆無だった。

しかし、こうした快活な姿が見られたのは、僅かな期間だった。

33歳のときに再び病に襲われ、38歳頃には公務も休みがちとなった。やがて勅語を読むことすらも難しくなり、42歳のときに、当時20歳だった裕仁親王が摂政へ就任することで事実上の退位となった。

その後は転地療養の甲斐なく、47歳で崩御した。

家族を大切にし、国民と近い距離で交流を持とうとした大正天皇。病気がちではあったが、いや、病気がちだったからこそ、偉大な父とは違った生き方を全うできたのかもしれない。

近代の逸話 其の20

【大学は出たけれど】

大正にもいたニートや派遣社員

●「高等遊民」という社会問題

働き方には、その時代ごとにもてはやされる流行がある。

たとえば、1990年代前後の日本では、自由に、好きな時間に働くことができる労働形態として「フリーター」が注目された。今では考えられないことだが、夢のためにバイトで食いつなぐ生き方こそ、自分らしく生きるライフスタイルだと礼賛された時代があった。

そして、2000（平成12）年頃には、「派遣社員」が新しい労働スタイルとして話題になった。定時に帰れて、サービス残業がなく、かつ色々な職種を体験できる。

そんなメリットが強調され、派遣会社の会社説明会に多くの大学生が集まった。その勢いは、筆者自身も同時期の新卒就活生として、体感していることだ。

近年、30代、40代における非正規雇用・低所得者層の増加が問題視されている。皮肉なことではあるが、そういった働き方がかつてもてはやされた影響が大きい。

明治末期から大正時代にかけても、時代のトレンドとなるような働き方があった。

いや、働き方ではない。「働かないこと」に憧れを持つ若者たちがいた。

高等教育機関である大学を卒業したのにもかかわらず就職もせず、裕福な親の元で暮らす「高等遊民」が、明治末期から大正にかけて社会問題となった。まさに「明治・大正時代のニート」だが、現在と違うのは「高等遊民」が「文化的に最先端をいく知識層」というイメージを持たれていたことである。

小津安二郎『大学は出たけれど』撮影時代の学生たち

「高等遊民」を好んで作品で取り上げ、用語を人々に定着させたのは、文豪・夏目漱石である。『彼岸過迄《ひがんすぎまで》』の松本恒三という主人公がまさにそうで、自身の優雅な生活について、「外へ出さないのは財産のおかげ、年齢のおかげ、学問と見識と修養のおかげである」としている。

同じく漱石の小説『それから』では、主人公の長井代助がその典型例として描かれており、「なぜ、働かない」と問われたとき、こんなセリフを吐いている。

何故働かないって、そりゃ僕が悪いんじゃない。つまり世の中が悪いのだ。もっと、大袈裟にいうと、日本対西洋の関係が駄目だから働かないのだ。そりゃ今だって、日本の社会が精神的、徳義的、身体的に、大体の上において健全なら、僕は依然として有為多望なのさ。そうなれば遣る事はいくらでもあるからね。そうして僕の怠惰性に打ち勝つ丈の刺激もまたいくらでも出来て来るだろうと思う。しかしこれじゃ駄目だ。

働く気がしない理由を社会になすりつけながら、書斎で書物を読むばかり。この代助もやはり親の経済的な庇護のもと、自由で知的な暮らしを楽しんでいる。

徐々に、こうした高等遊民の存在を懸念する声が上がり始めるものの、それはもっぱら、働かない怠惰な生活が社会に与える悪影響について心配するものばかりだった。

だが、実際には、豊かな「高等遊民」ばかりではなく、就職したくてもできない「就活難民」の問題があったのだ。明治中期以降、官立学校の定員が増加したことによって高学歴者の数が急増し、その学歴にふさわしい職の数が足りなくなっていたのである。

就職の厳しさは、昭和初期になっても変わらなかったようだ。

1929（昭和4）年に発行された「世の中への道」（小学生全集第84巻）は、小学生向けの本でありながら、早くも就職についての特集が組まれている。冒頭の「はしがき」で、その厳しい現状として、小説家の廣津和郎による随筆「大学生と十姉妹」を引用している。

廣津は、高い金を出して子どもを大学に行かせる親の行為を、この頃に人気が加熱し、後に収束した「十姉妹」ブームになぞらえて、次のように書いた。

大学卒業生の過多は、その実際社会上の価格を、今やちょうどその十姉妹を思わせるように下落させてきた。大学さえ出れば、大学さえ出ればの、全国的な考え方が、ついにはこんな状態を生み出したのだ。

二四、二五まで手に何の芸も覚えていないために、何もかも最初からやり直さなければならないようなそうした大学生を、これ以上どしどし作って行って、しかも彼らの大部分が就職できずにいるということは、不経済極まりない話であると思う。

実家からの仕送りで生活していた高等遊民・太宰治

まさに、大卒者が増えすぎた今と同じ構図である。学問をやるにも、実社会で生かすにも大卒者は中途半端な存在だった。

そして、多子化の傾向が1920（大正9）年にピークに達したのはすでに書いたとおりだが、出生数の増加によって、若者人口が増えたことも、若者の就職難へとつながっていった。

裕福な親の財産によって自由を謳歌する若者も、就職をしたくてもできない若者も「高等遊民」の名のもとに、一緒にされてしまっていた。もちろん、当時は大学に行かせられるだけで、それなりに裕福な家庭で育ったことは確かだが、皆が働かなくて済むほどのブルジョワではなかったのだ。

こうした問題が解消されるのは、昭和初期になってから。日中戦争などの対外戦争が軍需景気を生み出し、また国家総動員体制のもと、あらゆる若者は何かしらの形で動員されることになる。

●「派遣社員」も大正時代からあった

実はニートと同様に、派遣社員も大正時代から存在していた。先に挙げた「世の中への道」には「派出婦」という項目があり、その働き方が詳しく紹介されている。

派出婦として働くには、「派出婦会」に入会する必要がある。東京市には「婦人共同派出会」「婦人家庭派出会」「青山婦人共同会」「大塚婦人派出会」「高田夫人派出会」「はたらき会」などがあり、さらに増加傾向だというから、希望する女性も、それを求める家庭も多かったのだろう。

入会後は、会の監督のもと仕事を行うというシステムで、家政婦・裁縫婦・雑用婦、その他と種類があった。最も需要が高かったのは、雑用婦である。洗濯など下女代わりに働くもので、学歴不問の体力勝負の仕事だった。

収入は職に応じて相場が変わり、1日の収入で言えば、家政婦が1円50銭〜2円、料理婦が

1円50銭以上、雑用婦が80銭〜1円30銭、病産婦附添が80銭〜1円30銭、裁縫婦が80銭〜1円50銭といったところだった。

ただし、派遣のため、日当の1割5分は会主に納めなければならない。そして、食費、交通費は依頼主の家庭が負担するのが基本。このあたりの取り決めも、現在の派遣労働のルールに通じるものがある。この紙面では、女性の働き方として、まずこの「派出婦」が挙げられ、「女子の職業には色々ある。が、仕事の片手間に勉強しようという心がけの人にとって、派出婦などは堅実な職業であろう」と推薦している。昔も今も、時間の自由が比較的つきやすいというのが派遣のメリットで、大正・昭和の頃は、女性ならではの働き方として注目されていた。

なぜ下女代わりの「派遣社員」の需要が、ここまであったのか。それは平塚らいてうが『婦人公論』に執筆した「現代婦人の悩み」というエッセイを読めば分かる。

産業革命は、今日、遂に私たちの家庭から、（中略）必要な助手である女中というものを、工場の方へ奪ってしまいました。

女中というと上流家庭のお嬢様が使うもの、というイメージがあるが、手が足りなくて困っていたのは、むしろ都市中間層の方。家庭電化製品などなかった時代、主婦の労働量は大変なもので、人の助けなしにこなすことは難しかったのである。

近代の逸話 其の21

【一人のテロリストがプロ野球を作った？】

大正を駆けた怪人 正力松太郎

●流血しながら米騒動を鎮圧

プロ野球史に残る名試合は数あれど、筆頭に挙げられるのが1959（昭和34）年6月25日の後楽園球場で行われた、読売巨人軍対阪神タイガースの一戦だ。観客席には天皇、皇后両陛下の姿があった。いわゆる「天覧試合」である。

逆転に次ぐ逆転という、手に汗を握る展開のなか、王貞治・長嶋茂雄のアベック本塁打第1号が飛び出す好試合で、4対4のまま9回裏を迎えた。

名場面が生まれたのは、天皇・皇后両陛下が退出しなければならない9時15分になる、わずか5分前のこと。長嶋がピッチャーの村山実から打った打球がレフトスタンドへと吸い込まれ、サヨナラホームランとなったのだ。

まさに、絵に描いたような劇的な幕切れ。この頃はまだ野球と言えば、もっぱら東京六大学だったが、この天覧試合を境にプロ野球は国民的娯楽として定着することになる。

この見事な天覧試合を演出したのが、プロ野球の生みの親にして、巨人軍の元オーナー、正《しょう》力《りき》松《まつ》太郎《たろう》である。彼が、読売新聞社を大躍進させたことはよく知られているが、そこに至るまでの半生は、波乱万丈としか言いようがない壮絶なものであった。

生まれは、富山県の中流家庭。日露戦争が始まった1904（明治37）年に高校へ進学すると、柔道と座禅に打ち込んだ。東京帝国大学を卒業後に、内閣統計局に入り内閣属の辞令を受けると、高等文官試験にも合格。

絵に描いたようなエリート人生だが、28歳のときに、警視庁警部に任命されると、大正の事件史と彼の人生は不思議な交錯を見せていく。

「プロ野球・テレビ放送・原子力発言」
3者の父と称される正力

「警視庁時代には、いろいろな事件にぶつかったが、今でも忘れられないのは、米騒動である」

正力が後にそう振り返った米騒動は、1918（大正7）年、米の値上がりを恐れた主婦たちによって引き起こされた暴動だ。

正力が生まれた富山県で勃発し、そこから全国へ広がり、各地で米屋や交番が襲撃される事件が相次いだ。

神戸で起きた米騒動によって焼き払われた鈴木商店本社

東京も例外ではなく、日比谷公園では音楽堂を中心に、1万人近い群衆が気勢を上げた。各所から集まった500人の警官隊でも、手がつけられない状態だった。

そこで、総監から命を受け、現場に向かったのが34歳の正力である。彼は会場に着くなり、群衆をかきわけて音楽堂の壇上に駆け上ると、幹部たちを突き落としながら、検挙し始めた。

突然の強硬手段に驚いたのだろう。群衆はあっという間に散り散りになっていった。

しかし、本庁に帰って一息つく間もなく、今度は日本橋警察署から、応援を頼まれる。なんでも暴徒が米穀取引商を襲っているというではないか。

自動車で駆けつけた正力は応援に来た5人の警官を率いて、躊躇なく群衆のなかへと突入していく。警察の乱入に激昂した民衆たちを恐れ、うち2人の警官が逃亡するなか、正力は袋叩きにされていた巡査部長を救い出し、暴行者2名を確保。

その騒動のなか、正力は何者かに大きな石を頭に投げつけられた。みるみるうちに流血し、顔中血まみれになった正力の姿を見て、近くの人がハンカチを差し出す。しかし正力はそれを受け取らず、血にまみれたまま、ただじっとしていた。
するとその無言の凄みに、群衆は徐々に解散していったという。

●小泉元首相の祖父とも対峙

またこの頃は、普通選挙を求める運動が盛り上がりを見せていた。1920（大正9）年、東京の芝公園や上野公園では、数万の聴衆による国民大会が開催された。

「帝都はさながら普選デーの観を呈している！」

そう絶叫して民衆を煽った政治家は、小泉純一郎元首相の祖父にあたる、小泉又次郎である。又次郎は、入れ墨を入れていたことから、のちに浜口雄幸内閣で入閣した際「いれずみ大臣」と呼ばれるようになる荒くれ者だ。

数日後、同じく芝公園で開催された全国普選派大懇親会では、10万人もの参加者が各地から集まった。主催者代表を務めた又次郎は、当初から警察との衝突を想定して、準備を進めていたという。

一方で、正力もまた同じく、衝突を想定して対策を立てていた。実は先述した日比谷公園での米騒動も、きっかけは小泉又次郎と大竹貫一の政治演説会だった。不穏な気配があったため、禁止命令を出したものの、青年会館にはどんどん人が集まってくる。

指揮を命じられた正力は、200人の巡査を置いて、あえて署長と2人で小泉と大竹に対峙。

その場では集まった人々を解散させることに成功したが、その群衆が音楽堂を取り囲み、先述の大捕り物に発展するのである。

あの又次郎がからめば、聴衆は必ず暴徒と化す――。そう読んだ正力は、神奈川から応援を呼ぶなど、大会の日までに人員を適所に配置し、大規模な警戒態勢をとった。

その結果、読み通り暴れだした民衆が官邸の門へと詰め掛けると、160人あまりを逮捕。うち70人が起訴された。その活躍が認められ、関東大震災が起きた1923（大正12）年、正力は警務部長に就任した。順調に出世コースを歩んでおり、県知事や内務大臣の道も見えてきた。誰もが彼の明るい未来を疑わなかったことだろう。

だが、ある事件をきっかけに、その人生は大きな転機を迎えることになる。

●一人のテロリストが日本のプロ野球を生んだ？

「革命万歳！」

そう連呼しながら、銃を抱えたまま逃走したのは、難波大助という男。逃走劇は長くは続かず、警官、憲兵に追われ、最後は2、3人の巡査に取り押さえられた。その瞬間、群衆が取り囲み、難波は殴る蹴るの暴行を受けたという。

警官が逮捕しているにもかかわらず、民衆が怒りをむき出しにしたのも無理はない。難波が襲撃したのは虎ノ門公園前を通過した当時22歳の摂政・皇太子裕仁親王、つまり後の昭和天皇だったのである。

凶器は、レインコートの下に隠してあったステッキ銃。弾丸が窓ガラスに当たる音を聞いて、難波は目的を果たしたと思い、その場から逃げ去ろうとした。これが関東大震災から4カ月半後に起きた「虎ノ門事件」である。

幸いにも皇太子は無事であったが、警備上の大失態である。当然、周囲のクビが次々と飛ぶことになる。大震災の復旧にあたっていた山本権兵衛内閣は総辞職し、内務大臣の後藤新平も辞職。官房主事、警務部長だった正力もやはり、警視総監・湯浅倉平らとともに警護責任を負って、辞表を提出。翌年に懲戒免官となってしまった。

たった一つの事件で、警視庁のキャリアが霧散した正力。数週間後に、摂政殿下裕仁の結婚式が開かれたため、特赦となったのだが、もう官界に復帰する気は失せてしまっていた。

何か新しいことをできないか。そう思って乗り出したのが、新聞経営である。後藤新平から資金援助を受け、正力は読売新聞の経営権を買収。社長に就任したものの、大阪から進出してきた朝日、毎日に読者を取られていた読売は、発行部数がわずか5万3000部という斜陽新聞に過ぎなかった。

正力はなんとか部数を増やそうと、さまざまな手を打った。朝日、毎日にはなかったラジオ欄を創設。ラジオという新しいメディアに目をつけたのが成功し、これが好評を博して、部数を伸ばすことになる。

他社が読者の反響を見て読売に追従すると、今度は野球に着目。六大学野球の人気が沸騰するなか、正力はアメリカからベーブ・ルースを招いたのだから、発想が常人離れしている。さらなる読者の獲得に成功して気を良くすると、日本で初めてのプロ野球球団「東京ジャイアンツ」を設立する。その後も日本テレビの創設など、メディア王として名を馳せた正力。自身も「人間の運命ほどわからないものはない」と書いている通り、たった一人のテロリストによる暗殺未遂事件が、正力の人生を変え、結果的にプロ野球を生むことになった。

近代の逸話 其の22

【近代日本の終わりのはじまり】

日本を蝕みつつあった軍部の専横

●日露戦争の勝利で軍事費が倍増

新たな内閣が発足すると、必ず話題になるのが支持率である。１９９３（平成５）年に発足した細川内閣は75％と高い支持率を誇り、さらに、２００１（平成13）年に発足した小泉内閣はそれを上回る85％という数字を叩き出し、歴代最高の支持率となった。

大正期、彼らに負けないほど国民からの人気が高かったのが、１８９８（明治31）年に第一次内閣を発足させた、大隈重信である。

当時は選挙権を持つ国民が限られており、数字としての支持率は残っていないが、大隈が亡くなると、日比谷公園で異例の「国民葬」が行われた。約30万人の一般市民が参列したうえ、会場の外はせめて沿道で見送ろうとする国民で溢れかえった。ちなみに、対照的なのが軍人で内閣総理大臣や元老を務めた山県有朋で、功労者であるにもかかわらず、死後の国葬に参列した一般人の姿はまばらだったという。

国民から愛された大隈は1914（大正3）年に、第二次内閣も発足させている。すでに76歳という高齢で政界を引退していたが、人気の高さから再び復帰することになった。大隈の再登板を国民は大歓迎した。それは、彼が人気者だったからだけではない。第二次大隈内閣は、国民が勝ち取ったとも言える内閣だったからだ。どういうことだろう？

理解するには、混迷を極めた当時の政治情勢と、国民の手で内閣を打倒した「大正政変」についてて説明せねばならない。

明治末以降、元老の山県の流れをくみ、官僚・貴族院・軍部をバックとする桂太郎と、元老の伊藤博文の後継者として立憲政友会の総裁となった西園寺公望とが、交替で組閣した時代があった。

桂、西園寺、桂、西園寺……と時期を見計らい、首相を譲り合ったことから、「桂園時代」と呼ばれ、それはなんと10年にわたって続けられた。

国民不在の「政権たらい回し」には呆れるばかりだが、これが必要になったのは日露戦争後のこと。賠償金がとれず、莫大な戦費が圧し掛かるなか、両者は手を組んで政治を安定させる道を選んだのだ。

桂政権のときには、総裁の西園寺や、内大臣の原敬が政友会を率い衆議院で内閣を支持し、逆に西園寺政権のときには、桂が官僚・貴族院・軍部の力を用いて閣外から支える……。

そんな磐石に見えた「桂園時代」に陰りが見えたのは、第二次西園寺内閣のとき。きっかけを作ったのは陸軍だった。

大隈重信の国民葬に殺到する人々。凄まじい人気だった。

日露戦争の勝利によって、発言力を増した陸軍は1910（明治43）年の韓国併合を機に、二個師団を増設したいと言い出した。翌年に辛亥《しんがい》革命によって清朝が滅亡し、満州へ進出する弊害がなくなると、陸軍の要求はさらにエスカレートしていく。

だがすでに陸海軍の軍事費は、日露戦争の前後で1億円から2億円へと倍増しており、これ以上、国民に負担を強いるのは難しい状況だった。

なんとも空気が読めない要求だが、国の苦しい懐事情を知りながらも無理を言ったのは、陸軍だけではなかった。坂野潤治著『日本近代史』では、総合雑誌「日本及日本人」の1911（明治44）年11月15日号にある次の記述を引用し、当時の空気を紹介している。

財政の不如意を熟知しつつ、官吏は各々その隷属する

「桂園時代」を築いた西園寺公望

事業の拡張を争いつつあり。現に陸軍は師団の増加を強要し、海軍は新艦の増加を求む。銀行業者は国債の償還を求むるかと思えば、実業界は事業の勃興を求め、国民は一般に租税の軽減を望むかと思えば、大多数国民の代表者は各々その地方的利害問題を捉えてあるいは鉄道の敷設を望み、あるいは港湾河川の修築を求む。いわゆる出来ぬ相談たるを知りつつ各自争うてその出来ぬ相談を要望す。これ現時の状態なり。

陸軍だけではなく海軍、銀行、実業界、国民、そして大多数の国民を代表する政友会も、それぞれ現状に不満を持ち、予算を求めたり、減税を求めていたのである。陸軍は、その不満を先んじて解消しようとしたに過ぎず、己の利益が中心にあった点ではみな同じだったといえるだろう。

●民衆の力で内閣を打倒した「大正政変」

政府は財政難を理由に、陸軍の「出来ぬ相談」を拒否。すると、陸軍大臣の上原勇作《ゆうさく》は内閣総理大臣を通さず、天皇へ辞表を提出するという暴挙に出る。さらに陸軍が後任を出さなかっ

大正政変において議会を取り囲む民衆たち

ため、内閣は退陣へ追い込まれてしまう。

当時は、「陸軍大臣現役武官制」という、現役軍人のみが陸軍大臣・海軍大臣に就任しうる制度があった。陸軍はそれを楯に、内閣を潰してしまったのである。

こうして第二次西園寺内閣が倒れると、「桂園」の片割れ・桂太郎が第三次桂内閣を発足させ、陸軍の要望を受け容れようとする。

だが、桂は半年前に内大臣兼侍従長に就いたばかりだったことから、非難が集中。さらに、議会を無視した軍部の横暴への反感が高まり、立憲政友会の尾崎行雄《ゆきお》や、立憲国民党の犬養毅らが憲政擁護会を作り、倒閣運動を展開し始めた。

この「第一次憲政擁護運動」には、弁護士や新聞記者たちも加わり、陸軍の二個師団増設反対を掲げて一致団結。やがて、桂内閣に反対する民衆運動へと広がる。

桂内閣は天皇の詔勅を濫用して議会停止を図るなどして抵抗するものの、新聞・学識者などによる世論形成と、高揚する民衆運動をかえって勢いづけることになる。

桂内閣を支持する新聞社や交番に対して、投石や放火を行うなどの暴動が相次いだため、わずか53日という内閣史上最短の記録で退陣を余儀なくされた。

明治憲法下で民衆運動によって内閣が倒れるのは、これが初めてのことである。このことは「大正政変」と呼ばれ、大正デモクラシーの起点となった。

第三次桂内閣が倒れたあとは、海軍閥である山本権兵衛が内閣を発足させるが、ドイツの軍需会社から海軍が賄賂を受け取っていたという「シーメンス事件」によって退陣する。

その次に生まれたのが、国民待望の第二次大隈内閣であった。ここまでの展開だと、軍部の専横を民衆運動で食い止めるという、健全な民主主義が機能しているように見える。

ところがこの内閣が生まれたことが、思わぬ結末を生むのである。

●戦争のおかげでピンチを凌ぐ

後継総理が大隈に決まったのは、国民に人気があったこと以外にも理由があった。それは、大隈が立憲同志会という小さな政党しか支持母体を持たず、陸軍・海軍・貴族院・政友会のいずれにも大きな影響力を持って「いなかった」ことである。

四大政治勢力が互いに牽制し合い、内閣を潰しあってきた結果が、そのどれにも拠らない、第二次大隈内閣だった。とはいえ、大隈はお飾りに近く、実権は立憲同志会総裁の加藤高明が握り、外務大臣として大隈内閣を牽引していく。

しかし、いくら人気があっても、山積する政治課題が消えたわけではない。相変わらず、陸海軍は軍備拡張を求め、実業界は営業税全廃を主張するなど、増税なしにこの難局を乗り切るのは不可能な情勢であった。

とりあえず、大隈は陸海軍から手をつけようと、防務会議を開き陸軍・海軍の要求を聞きながら、財政の厳しさへの理解を求めた。だが、衝突するばかりで実りある成果を得ることはできなかった。このまま第二次大隈内閣も打つ手がなくなるか――。そんなとき、第一次世界大戦が勃発し、状況は一変する。坂野潤治氏は『大正政変』で次のように書いている。

財政と国防の調節という難問を解決してくれたのは、防務会議ではなく、第一次大戦の勃発であった。第一次大戦勃発後三カ月もたたない十月初めには、首相、陸相、蔵相の間で妥協点が見い出されている。

この機会に権益を拡大するべく、日英同盟を名目に、日本は大戦に参戦。中国の山東半島へ軍を上陸させ、中国・青島《チンタオ》の攻略に成功した。

さらに、大戦によって欧米列強の目が東アジアから離れたチャンスを見逃さず、袁世凱政権に「対華21カ条要求」を突き付けた。「山東省の旧ドイツ権益の継承」「満鉄権益期限の99カ年延長」などを認めさせている。

勢いに乗る大隈内閣は、さらなる権益拡大のため、二個師団増設と軍艦建造案を国会に提出。政友会や国民党の反対で否決されると、衆議院を解散してしまう。

総選挙の結果、大隈の全国遊説と電報によるメディア戦略が功を奏して、大隈与党が圧勝。陸軍増設反対を訴えた政友会は、80議席を失う空前の敗北で少数政党へと転落する。

陸軍の軍備拡大への反対によって起きたはずの大正政変だったが、大戦で景気が良くなると、有権者は一転して軍備拡張に反対する姿勢を失ってしまったのである。

戦争によって、国の財政難を打開する――。

第一次世界大戦で好景気の恩恵を受けたことが軍部のさらなる専横を生み、昭和に入ると、いよいよ太平洋戦争の足音が近づいてくるのである。

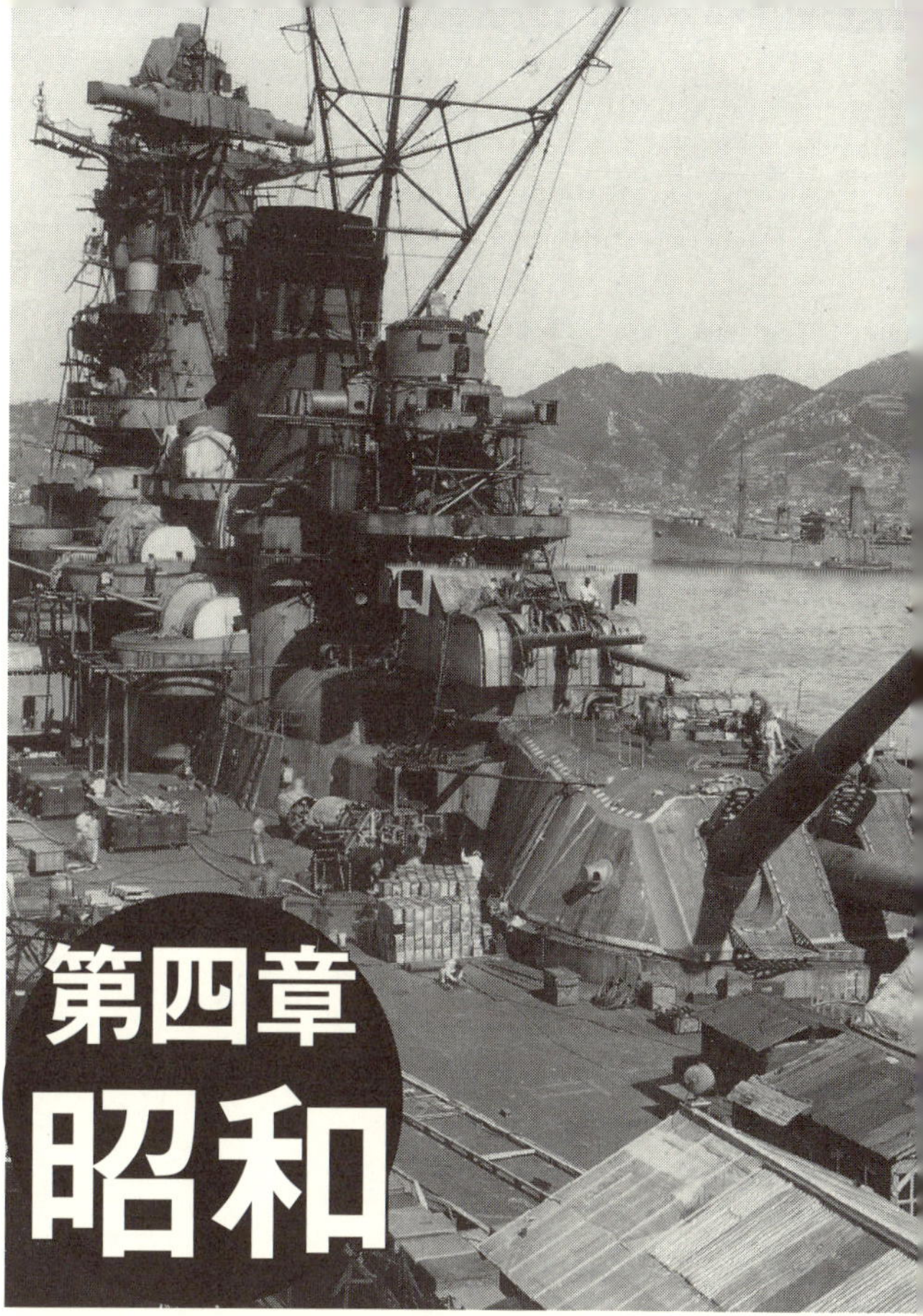

第四章 昭和

近代日本の終焉

近代の逸話 其の23

【松下幸之助の奇策】

昭和恐慌と経営の神様

●弁当を持たない「欠食児童」

「暗黒の木曜日」と呼ばれる、1929（昭和4）年、10月24日。

ニューヨーク株式市場で株価が大暴落し、史上最大規模の大恐慌の幕が開いた。

もちろん、日本も例外ではなく、中小企業は次々と倒産し、失業者が急激に増加。ほぼ同時期の1930（昭和5）年1月11日に、浜口雄幸内閣が金の輸出を解禁し「金本位制」に復帰したことも不況に拍車をかけた。金解禁は「嵐に向かって窓を開けるようなもの」と後に評されるもので、大量の金流出が著しい物価下落を生み出した。

とりわけ深刻だったのが、農村である。アメリカへの生糸の輸出が半減し、原料の繭価格は前年に比べて半値以下に大暴落。農家の約4割が養蚕を兼業し、稲作に次ぐ収入を得ていたため、製糸業界への痛手は、そのまま農家の困窮に直結した。

さらに米の価格も半値近くまで下落し、それに引きずられるように、野菜も値崩れを起こす。タバコ1箱の値段で、キャベツ50個が買えてしまうほどの異常な値下がりで、560万戸の農家は収入が半減。追い討ちをかけるように、翌年には東北、北海道が凶作に襲われ、学校に弁当を持って来られない「欠食児童」が増え始めた。

預金を引き出すため、積善銀行に長蛇の列を作る預金者たち

欠食児童は、北海道と東北6県で多かったものの、限られた地域だけの話ではなかった。いち早く社会問題として取り上げたのは長野県と東京だったと、山下文男は『昭和東北大凶作』で述べている。それは、次のような記事だった。

「長野市では不就学児童の生活内容を見て、驚き同情している。調べて見れば両親はなし、貧しさの余りどうしても学校へは行かれず、家で小さな妹の面倒を見ているなどという全くの不就学が15、6人もおり、学校へだけは行けるが、この冬を単衣物一枚で通学し、学用品はもとより弁当も食えない児童が去年120人もあった」(『信濃毎日』昭和5年4月5日)

「板橋第三小学校では、お昼の弁当を持って来ない子どもが非常に多く、学校では一食、七銭の握り飯を毎日12人ずつ給与しているが、これだけでは不足がちなので、一ばん腹の空いている子どもに分配するそうである」(『東京朝日』昭和5年5月13日)

昭和恐慌は1930(昭和5)年から翌年にかけてを指すのが一般的だが、その後も影響は色濃く、1932(昭和7)年の文部省発表によれば、欠食児童は全国で20万人を超えていたという。

●「身売り列車」や「身売り相談所」

欠食児童と同じく、昭和恐慌と凶作によって生まれた悲劇が「娘の身売り」である。やはり貧しい農家を中心に、借金を返すため、泣く泣く自らの娘を売りに出すといったケースが後を絶たなかった。

村からは娘たちを乗せた「身売り列車」が出発し、山形県の伊佐沢村では「娘身売の場合は当相談所へ御出下さい」という看板が掲げられている写真が新聞に載せられて話題になるなど、異常な事態に陥っていた。1932(昭和7)年7月28日の『北海タイムス』では、次のように報じられている。

「極度に疲弊困憊した農村漁村では、草の根、木の皮を食し、辛うじて露命をつないでいる状態である。悲惨なのは、長年、手塩にかけてきた子女を芸妓、酌婦、女給、仲居、甚だしきは遊女として身売りに出し、わずかな金に換えようとする者があり、その哀話も少なくない」

ただし、「身売り＝売春婦」というイメージを持たれがちだが、それは誤解である。秋田県が1931（昭和6）年時点で、秋田市を除く9郡における13歳以上25歳未満の女子が、村を離れてどんな職業に就いたかを調査したところ、9473人のうち、4割以上が子守女中で（4271人）、続いて女工が約3割（2682人）、そして売春婦（「当時は「醜業婦」と呼ばれた）が1割5分（1383人）程度だったという。

売春婦に就いた者のなかには、事前に職業について知らされていないなど、悪質な斡旋業者に騙された例もあった。また、娘を過酷な環境に送ったことは、家族としてはできれば公表したくない事実であり、水面下の数字は統計よりも多かったと考えるのが自然だろう。

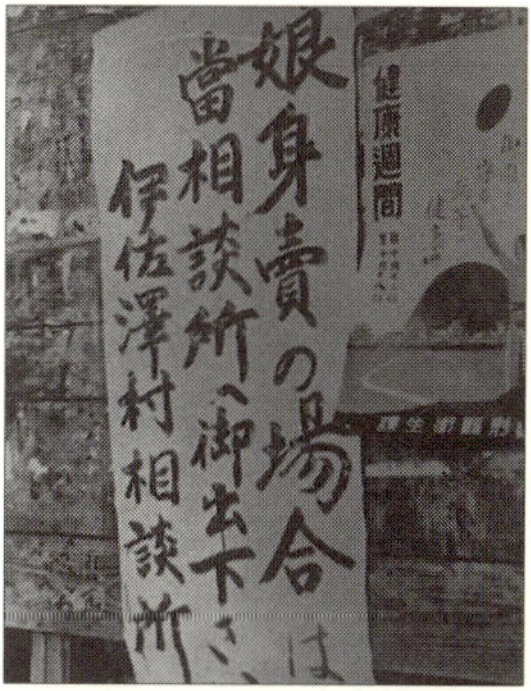

伊佐沢村の身売り相談の案内

宮城県のある村では小学校低学年の児童が売りに出された――。そんな記事が1932年7月27日の『河北新報』で報じられるなど、娘の身売りは、昭和恐慌に伴う大きな社会問題の一つとなった。

●一人もリストラしなかった「経営の神様」

昭和恐慌による生糸価格の下落で大打撃を被ったのは、製糸業界や農家だけではない。生糸は当時の日本

昭和恐慌にも負けなかった松下幸之助

で、最大の輸出品であり、その影響は日本経済の各分野に及ぶこととなった。

利益が落ちた会社では、人員削減や賃金の切り下げが横行し、失業者が街にあふれた。１９３０（昭和５）年の失業者は推定１３０万人とも言われる。

これだけの大不況に陥れば、好調な企業も経営不振に陥ることは避けられない。あの「経営の神様」松下幸之助が経営する松下電器も例外ではなかった。

幸之助は22歳で会社を興すと、コードをつなぐための配線器具であるアタッチメント・プラグや、２カ所から電源が取れる二股ソケットを開発し、経営を軌道に乗せた。

第一次世界大戦が終焉し、大戦需要がなくなると、どの会社も業績を落としたが、幸之助は自転車ランプを開発し、無料で配るという斬新な試みに挑戦。物が売れない時代に、さらに業務を拡張させることに成功した。

だが、好調そのものだった松下電器も、昭和恐慌には勝てず、製品の売り上げは半減。倉庫に入りきらないほどの在庫の山を抱えることになった。しかも会社は急成長中だったため、工場を建設した直後というタイミングの悪さ。さらに幸之助が病に倒れてしまい、このまま会社ごと失速してしまってもおかしくなかった。

ある日、なんとかこの苦難を乗り切ろうと、幹部たちが病床の幸之助のもとを訪ねた。そして、人員削減と賃金カットを提案したのである。未曾有の恐慌のなか、どこの会社もそれこそが、企業を生き残らせる数少ない方法だと信じていた。幹部の提案は、無理からぬことであった。

だが、幸之助はしばし思案したあと、こう言った。

「賃下げも、クビ切りも結構やな。だがしかし、ウチはよそのように人のクビは切れん」

人材を大切にした幸之助らしい決断ではあったが、かといって何も手を打たなければ倒産してしまい、元も子もなくなる。幸之助は大胆な対策を打ち出してきた。

「首切りはない。生産は半分、勤務も半日。給与は全額払う。しかし、休日返上で在庫を売るんや。ここは凌ぐしかない」

リストラはしないものの、物が売れない状態に合わせて、生産を半分に減らす。その一方で、長いスパンで倉庫の在庫を売り切ることで、賃金の損害をカバーしようと考えた。

吹き荒れる不況の嵐に、解雇を覚悟していた従業員たちが、これを聞いて燃えないわけがない。休日を返上し、かつ、勤務は半日でよいとされていたにもかかわらず、自発的に終日在庫を売り歩いたという。

その結果、在庫は2カ月で完売。一人もリストラすることなく、幸之助は昭和恐慌を乗り切った。幸之助の有名な経営伝説の一つだが、昭和恐慌の悲惨さを踏まえれば、より凄みが伝わってくるはずだ。

近代の逸話 其の24

【人間国宝にゴジラの生みの親まで】

二・二六事件に参加していた大物

●参加者はほとんど目的を知らなかった

1936（昭和11）年2月26日のこと。

東京市内に30年ぶりという大雪が舞うなか、陸軍の青年将校らによって、昭和史最大のクーデター事件が引き起こされた。

反乱を起こしたのは陸軍の「皇道派」と呼ばれる青年将校たちで、その兵は約1500人にも上った。皇道派と対立したのが、軍首脳幹部たち「統制派」であり、二・二六事件はこの両派の内部分裂が招いたものである。

この反乱は、決起した日にちから「二・二六事件」と呼ばれるが、事件を起こした青年将校たちは、その呼び名を否定している。彼らにとっては「昭和維新」であり、新政権を樹立して政治を一新するという壮大な目的があった。

彼らがそれほどまでに、時の政治に危機感を抱いていたのはなぜか。
「昭和恐慌と経営の神様」の項を読んでいただいた読者はすでにお分かりのことだろう。昭和恐慌で失業者が街にあふれ、娘を身売りしなければ食べていけないなど、農村の疲弊ぶりはすさまじいものだった。宿舎で起居をともにする兵士たちの大半が農村出身者であり、農村の飢餓を悪化させた政府の無能ぶりに、拳を震わせていたことは、想像に難くない。

外務省と内務省の十字路を封鎖した反乱軍

なんとか今の政治を変えなければならない。そのためには、現政権から国家権力を奪い、軍部の力によって天皇親政の新政権を樹立しよう――。

それが、二・二六事件、彼らで言うところの「昭和維新」が引き起こされた動機である。

暗殺の標的になったのは、時の要人たちだ。
内閣総理大臣の岡田啓介、侍従長の鈴木貫太郎、内大臣の斎藤実、大蔵大臣の高橋是清、陸軍教育総監の渡辺錠太郎、前内大臣の牧野伸顕……。

このうち、斎藤実、高橋是清、渡辺錠太郎が、実際に暗殺されている。1500人もの兵を説得してこれだけ

暗殺された大蔵大臣・高橋是清（左）と内大臣・斎藤実（右）

大きな計画に賛同させるとは、青年将校たちの志は、さぞ多くの兵の共感を呼んだのだろう……と考えがちだが、これは誤解である。

なんと二・二六事件で反乱に参加した兵の9割以上が、その目的を知らされていなかった。ほとんどが上官の命令に従ったに過ぎず、歴史に残る反乱に踏み出している最中も、そんな大それたことに自分が加担しているとは思ってもいなかったのである。

クーデターに参加した、というより、参加させられたのは、近衛歩兵第3連隊、歩兵第1連隊、歩兵第3連隊、野戦重砲兵第7連隊らの兵士たち。

歩兵第3連隊に属した小林盛夫の場合は、真夜中に「非常呼集！　非常呼集！」と大声で叩き起こされると、こう告げられたという。

「これから非常呼集で出掛ける。今から指名された者は、一装用の服を着ろ。これから出勤するけれども、少しくらいの負傷でひるんではいかん。勇猛果敢に行動しろ」

それを聞いた小林は「あれ？　演習じゃないのかな」と思ったという。わけもわからないまま出発すると、道中で小林は二等兵とこんなやりとりを交わしている。

「いったい、何しに行くんです？」

「よく分からないが、偉いやつを襲撃するやつがいるから、その警備に行くらしい」

小林の部隊に限らず、どこもおおよそ同じように夜中に起こされ、肝心の任務をきちんと告げられぬまま、出撃させられたのであった。

●クーデターの最中に落語を一席

クーデターを起す本人たちが、実は何をしているのか理解していなかった、この事件。先に挙げた小林盛夫の場合は、特に場違いだったようだ。

なぜなら本来、小林は駆け出しの落語家であり、軍に召集されたのは、四代目柳家小さんに弟子入りして、前座として3年半の修行を積んだタイミングだったからだ。これから落語家として歩み出そうとしたときに軍隊に入らざるを得なかっただけでも不運なのに、歴史的事件の当事者になってしまったのである。

言われるがまま、警視庁で重機関銃を構えているうちに、ようやく話が見えてきた。その様子を、小林は後にエッセイで次のように書いている。

あたしたちは警視庁の地下室に入って、夜の明けるのを待っていると、岡田首相がやられた

落語家で初めて人間国宝になった5代目柳家小さん。若い頃、二・二六事件に参加していた。

とか、ダルマがやられたとかいう情報が入ってきました、ダルマってえのは、大蔵大臣の高橋是清のことでしたが……。

　そんな情報が入ってくると、「警備に来たってえのに、こんなところにいていいのかな」なんて思いました。ただ、警備に来たんだと思っていたもんですから……。そのうちに警備じゃない、反乱軍の方だってことがだんだんと分かりかけてきました。


　警備をしていたはずが、実は反乱軍の側に回っていたという、まるで落語のような滑稽話だが、さらなる意外な展開が小林を待ち受けていた。

　警視庁を出て、鉄道大臣の官舎へと移って休憩していたときのことだ。この頃には青年将校たちの旗色がかなり悪くなってきたのだろう、どんぶり飯一杯を50人で分けるという悲惨な状況のなか、班長から小林にこんな命令が下された。

「小林、みんな元気がないから、おまえ、一席やれ」

　もちろん、小林を落語家と知っての命令だが、無茶ぶりにもほどがある。

案の定、班長は小隊長に「バカ！　こんなさなかに落語なんて……」と一喝されるが「しかし、兵士の元気を出すために、ぜひ」と食い下がり、ついには許可を得てしまう。落語好きの班長だったのかもしれないが、演じるほうはたまったものではない。

しかし上官命令は絶対のため、小林は「子ほめ」を演じた。内容は、熊さんが知人の赤ん坊を褒めようとして失敗ばかりする噺だが、笑いは全く起きず、静まり返っていたという。それはもちろん、小林が前座の腕前だったからではない。自身もこう振り返っている。

そりゃあそうですよ。表の方じゃ軍歌を歌っているやつがいるし、「昭和維新は、まだ早かった」なんて嘆いているやつはいるし、あたしたちだって、これから生きるか死ぬか、分からないんですから笑ってなんかいられません。

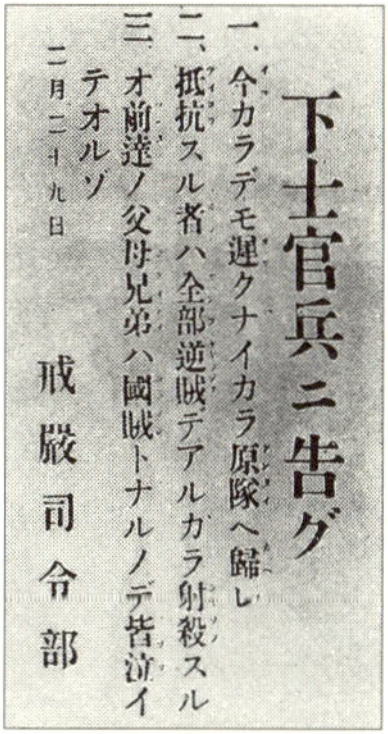
下士官兵ニ告グ
一、今カラデモ遅クナイカラ原隊ヘ歸レ
二、抵抗スル者ハ全部逆賊デアルカラ射殺スル
三、オ前達ノ父母兄弟ハ國賊トナルノデ皆泣イテオルゾ
二月二十九日
戒厳司令部
下士官に投降を促すビラ

反乱が鎮圧されると、小林は取調べに「上官の命令で行きました」と事実を答えて、無罪になった。しかし、形の上では逆賊になった歩兵第3連隊は反乱軍の汚名を着せられ、満州送りになってしまう。

厳しい生活だったというが、小林は「辛いときこそ、笑いが希望になる」と発想を変えた。帰国後、二つ目に昇進するも再び仏領インドシナへ出征。ベトナム南部で捕虜となるが、ここでも小林は希望を失わず、二・二六事件の時のように収容所で落語を披露したという。

その後は落語家「5代目柳家小さん」として研鑽を積み、落語家として初めて人間国宝に認定された。昭和天皇の在位60周年では、園遊会に招かれ陛下と親しく言葉を交わす。巻き込まれただけとはいえ、皇室に楯突いた逆賊となってしまった過去を、清算した瞬間だった。

●埼玉県知事にゴジラの生みの親も

人間国宝の落語でさえも、二・二六事件の最中では、さすがに笑いを取れなかったが、その場で笑えなかった一人が、同じく歩兵第3連隊に入隊した畑和だ。後に埼玉県知事となる人物である。

小林による落語「子ほめ」を聴いたあと、一同は落成したばかりの国会議事堂に向かった。道中、入隊する少し前に結婚したばかりだった畑は、こんなことを考えていたという。

「こりゃ25歳でおしまいかな。結婚したばかりだというのに、妻もさぞ心配しているだろう」

死を覚悟していた畑だったが、2月29日には「兵に告ぐ」の放送が流れ、反乱の中心人物・野中四郎大尉からの訓示があった。

「4日間の奮闘は感謝にたえない。決起はついにこのような結果になり残念である。諸君らを無断で使い、家族には本当にすまないと思っている。ただ、この体験を通じて、何らかのものを得たと思う。大変苦労をかけたが、ここでお別れだ」

クーデターが終わった瞬間である。4日間にわたり、永田町一帯を含む日本の政治の中枢部を占拠したものの、天皇の怒りを買ったことで、皇道派の上層部が動かなかったのが決定的な敗因であった。

名監督となった本多猪四郎（左）と、埼玉県知事を５期務めた畑和（右）

畑は除隊後、弁護士、埼玉県議会議員、衆議院議員を経て、埼玉県知事へ。二・二六事件では、国会議事堂の入り口を銃床で叩き壊して突入したことから、国会議員仲間を相手にこう冗談を言ったという。

「この国会に一番乗りしたのは、実はこの僕だよ」

二・二六事件に参加していた意外な人物として、最後にもう一人、本多猪四郎を挙げたい。初代「ゴジラ」を生んだ映画監督である。

本多の場合は、もしも内乱が起こったら、補助憲兵という腕章をつけて憲兵についていくことになっていたが、結局、直接的な行動をとる機会はなかった。このあたりの運命の分かれ道は上官次第と言っていいだろう。

本多は東宝映画の前身である「ピー・シー・エル映画製作所」に入った翌年に召集。5代目柳家小さんと同様に、本多もこれから夢に向かって進んでいこうという矢先に軍隊生活を余儀なくされ、二・二六事件に巻き込まれてしまった。

彼ら3人は歴史的事件に巻き込まれるという不運はあったが、事件後はいずれも時代を言い訳にせず、決めた道に邁進して未来を切り拓いたのだ。

近代の逸話 其の25

【何度ブチ込まれても出てきた】

昭和の脱獄王 白鳥の超人伝説

●4回の脱獄に成功したスゴ腕

最北端の刑務所である、網走刑務所。

明治初期の西南戦争や、自由民権運動によって国事犯が激増したため、収容するスペースが足りなくなり、北海道各地に集治監（刑務所の前身）が設置されることになったのが、開設の発端である。

1890（明治23）年、「釧路監獄署網走囚徒外役所」が設置されると、3割以上が無期懲役で、それ以外も刑期12年以上という重罪人ばかりが収監された。寒さが厳しく過酷な環境にあった網走刑務所は、「脱獄が困難な刑務所」として広く知られるようになる。

だが、そんな網走刑務所を含め、11年間で4度も刑務所から脱獄した男がいる。

彼の名前は白鳥由栄《しらとりよしえ》。人呼んで「昭和の脱獄王」。

白鳥は1907（明治40）年、青森県で生まれた。豆腐屋を営んでいたが、それは表の顔であり、裏では泥棒をして生計を立てていた。

25歳のとき、盗みに入った家で家人に見つかってしまったことから、殺人を犯す。そのまま逃げ切ったものの、2年後に共犯者が別件で逮捕されたことから、自ら過去の犯罪を名乗り出て、逮捕されることになった。

ここから彼の脱獄人生が始まった。

最初に移送された場所は、青森刑務所である。独房に閉じ込められた白鳥は、排便した汚物を捨てるときは部屋の外に出ることが許されていた。彼はその隙に、小窓から手を伸ばせば届く位置に鍵穴があることを確認しつつ、針金を拾う。

国内最北端の刑務所・網走刑務所。今は「博物館 網走監獄」。

そして看守の目を盗んでは、小窓から手を出して鍵穴の形を指につけ、それをもとに針金で合鍵を作ってしまった。

ついには看守が交代する間のたった15分の隙を狙い澄まし、独房からの脱走に成功している。

しかし、外に出たものの、3日後にはあえなく逮捕。その後は、いくつかの刑務所を転々とし、秋田刑務所に落ち着いた。

前回と大きく状況が異なるのは、脱獄囚として警戒されているということ。白鳥は「鎮静房」という特別な独房に入れられた。当時を、白鳥はこう振り返る。

「昼間でもほとんど陽が射さない場所で、高い天井に薄暗い裸電球が一灯点き、明り窓は天窓が一つだけ。それに、三方の壁は銅板で張られ、扉は食器を出し入れする小窓もない作りになっていた。そんな部屋に手錠をかけられたまま放り込まれ、一冬過ごしたんだ」

天窓までは3メートルの高さがあった。さすがにこれでは逃げられない。

誰もがそう思うだろう。だが、白鳥は違った。

白鳥は看守が寝静まってから、角に立って壁に手と足を踏ん張って登る練習を繰り返し、天井までたどり着けるようになった。さらに、練習中に天窓の枠に取り付けられていたブリキ片と錆びたクギを見つけると、それで自家製ノコギリを作ってしまう。

あとは地道に、看守交代の間の10分で天窓まで登り、のこぎりで鉄格子を少しずつ切る日々を送る。そして収容されてから8カ月後、ついに鉄格子を切り離すことができた。

そのまま屋根から脱出して、暴風雨が吹き荒れるなか、脱走に成功した。

3カ月間逃亡した後、白鳥は自首。そのときに警察から「どうやって逃げ出したのか」と聞かれ、こう答えている。

「ヤモリを考えてもらえばいい」

簡単に壁をよじ登ってしまう、人間離れした筋力。白鳥は他にも肩、手足、腰、脚部の関節を自由に脱臼できるという特技を持っていた。関節腔と靭帯の可動域が広かったためにできた技であり、首が入るスペースさえあれば、そこから脱出することが可能だった。

●小さなことからコツコツと

そして、次に収監されたのが、難攻不落の網走刑務所である。

凶悪犯用の特別房にブチ込まれ、手錠までつけられた。白鳥は挑発するように、何度かその手錠を看守の前でひきちぎって見せた。そのたびに強度の高い手錠に変わっていき、ついには足錠までつけられてしまう。

それだけではない。手錠も足錠もボルトで溶接止めされ、さらに鎖玉まで付けられた。脱獄するどころか、ろくに身動きすらとれなくなってしまった。

白鳥は糞尿にまみれながら、網走の極寒を夏物の服1枚で過ごすことを余儀なくされる。脱獄の常習犯に対して、看守も懲らしめてやろうと思ったのだろう。風呂さえ入れてもらえなかったというから、人権などあったものではない。

しかし、どれだけ劣悪な環境に置かれても、諦めないのが白鳥という男である。

「人間の作ったものは必ず壊せる」

その持論どおり白鳥は、手錠・足錠を毎日毎日、壁にぶつけたり、噛み付いたりしながら、徐々に緩めることに成功した。

　そして、扉にある監視口に目をつけ、その鉄格子を毎日毎日、怪力でもって揺さぶった。さらに食事に出た味噌汁を来る日も来る日も、鉄格子に吹きかけた。味噌汁に含まれる塩分で、鉄を錆びさせようとしたのである。

　すると、入所してから1年4カ月の月日が過ぎた頃のこと。頑丈だった鉄格子が、ガタガタと音を立てるようになってきた。何事も積み重ねが大切だということを、白鳥の人生からはつくづく思い知らされる。

　ある日、網走刑務所で停電が起きた。この好機を見逃す彼ではなかった。

　看守の交代が少し遅れたのを見逃さず、白鳥はあらかじめ緩めておいた手錠・足錠を外して、さらに監視窓の鉄格子を腕力で外して脱出。脱獄不可能と言われた網走刑務所からも、白鳥は見事に〝プリズン・ブレイク〟してしまったのである。

　その後、白鳥はしばらく逃亡するが、ある農夫にスイカ泥棒に間違えられたことからトラブルになり、またも殺人を犯してしまう。本人は正当防衛を主張したが、認められなかった。過去の脱獄も問題視され、死刑判決が下されたうえで札幌刑務所へと

「博物館 網走監獄」で再現された白鳥の脱出劇

収監された。

だが、そんなことでめげる白鳥ではない。法廷で判事や検事に「俺は必ず脱獄して、あんたたちの寝首を掻いてやる」と息巻いてみせた。そして、事実たった2カ月で、お手製のノコギリで床を切って札幌刑務所からの大脱出に成功している。

●何のために脱獄したのか？

脱獄後は、約10カ月にわたって逃亡。しかし逃亡生活に疲れたのか、あえて街中を歩き回って、警察からの職務質問を受ける。そこで白鳥は、警察からタバコを1本もらい、その礼を言うなり、自らこう名乗った。

「実は俺、札幌刑務所を脱獄した白鳥由栄なんです」

それを聞いた若い警官は、膝をがくがく震わせたという。それほど有名なお尋ね者だったのだ。白鳥が再び捕まったことは、世間で大きな話題を呼んだ。

控訴審の結果、弁護士の尽力で、白鳥への死刑判決は覆り懲役20年が言い渡される。最初の殺人による無期懲役と併せて、今度は府中刑務所で刑期を過ごすこととなった。

もはや、この世に彼を閉じ込めておく方法は残されていないのではないかと思われたが、意外なことに、白鳥はそこでは脱走をくわだてなかった。

なぜだろうか？

　それは、府中刑務所が白鳥を普通の囚人として扱ったためである。実は、白鳥が脱走を繰り返したのは態度の悪い看守や、劣悪な刑務所の環境に抗議するためだった。その怒りについて、次のように語っている。

「俺が逃げたのは青森、秋田、網走、札幌と4回だが、別に私利私欲で脱獄したわけではないんだ。秋田のときは刑務所の酷い扱いと、役人の横暴な態度に腹を立てて、そのことをなんとか役所に直訴したいと思って、そこで、小菅時代に面倒を見てくれた主任さんに会えば話を聞いてくれると考え、主任さんに会うために脱獄したんだ」

　白鳥は、青森刑務所と秋田刑務所の間に、東京の小菅刑務所に1年2カ月入っていた時期がある。この「主任さん」とは、そこで出会った看守長・小林良蔵のことで、白鳥が心から信頼した相手である。

　この言葉通り、秋田刑務所から逃げた後、白鳥は小林のもとを訪れ、刑務所のひどい状況を訴えると、小林に付き添われるかたちで自首している。

「脱獄は逃げて自由になるために行われるもの」だと思いがちだが、白鳥の場合はそうではなかった。その証拠に、人間らしく扱ってくれた府中刑務所では一貫して模範囚として過ごし、仮出獄している。

　白鳥の訴えはのちにクローズアップされ、秋田刑務所では鎮静房が廃止。刑務所関係者の間でも、「白鳥の脱獄は刑務所に改革をもたらした」とまで言われている。

近代の逸話　其の26

【はっきりと失敗を認識していた】

勇ましい「国連脱退」の悲哀

●国民の熱狂に戸惑った松岡全権代表

ここまで本書では、様々な外交上の誤解について述べてきた。

江戸幕府はペリーに威嚇されて、ただ言いなりになっていたように思われがちだが、しっかりと主張すべきことは主張し、巧みに交渉していたこと。

また、明治政府が日露戦争後にロシアと結んだポーツマス講和条約は、国民に総スカンを食らって暴動まで起きたが、危うい勝利だった実情を踏まえるとむしろ妥当な内容で、国際的には評価されていたこと。

いずれも、弱腰と叩かれがちな日本外交の誤解を解こうとしたものだ。だが、それとは真逆のケースもある。つまり、当時の国民からは評価されたが、実のところ現場としては不本意な結果を招いた外交交渉である。

1933（昭和8）年、日本は国際連盟から脱退する。

国際連盟が問題視したのは、中国東北部の鉄道爆破事件をきっかけに、日本軍が満州全土を軍事占領し、「満州国」建国を宣言したことだ。国際連盟がリットン調査団を派遣して調査を行っていたが、その報告が行われる前に、日本が満州国承認に踏み切る。これで、国際連盟加盟国を敵に回すことになった。

現場検証にあたるリットン調査団

ジュネーブの国連本部で議論した結果、対日非難勧告が42対1（棄権1）で採択。

不服とした日本側は連盟脱退を表明し、議場を後にした。交渉の全権を担ったのが、松岡洋右である。ジュネーブから横浜港に着いた彼を待ち受けていたのは、大群衆の歓声であった。

「万歳、万歳！」

横浜駅から特別列車に乗って東京駅に着けば、ここでも同じく、国民の熱烈な歓迎を受けた。帰宅すれば、自宅に宮内庁から清酒一樽と鮮魚一台が届くという大変なねぎらいぶり。

国民が歓喜したのは、日本側が主張を曲げず、毅然と

全権代表・松岡洋右

した態度をとったためである。東京朝日新聞は、次のような見出しで、脱退を賞賛した。

「連盟よさらば！　遂に協力の方途尽く。総会、勧告書を採択し、我が代表堂々退場す」

新聞各社は満州事変が勃発したのち、部数が一気に拡大した背景があり、軍部寄りの紙面が目立つようになっていた。朝日の報道も、その流れの一貫だったが、思惑通り国民の溜飲を下げるのに成功したようだ。

日本はもはや他国に追従する小国ではなく、主義・主張を持った大国なのだ――。脱退が絶賛された背景には、そんな自負が見え隠れする。だが、国民の熱狂に最も戸惑ったのは、ほかでもない松岡自身だった。彼は予想だにしなかった歓迎を受けてこう語っている。

「皆の頭がどうかしているのではないか」

憤然と議場を後にした松岡だったが、内心は忸怩たる思いだった。

なぜなら、国際連盟から脱退することは、外務省にとっても、軍部にとっても想定外のことだったからだ。満州国建設が侵略ではなく、国際的な妥当性があると主張するには、国際連盟に加盟しておく必要があった。それは陸海軍にとっても共通認識で、脱退を不可とする協定まで結んでいた。連盟から脱退することなく、かつ、満州国の建設に理解を示してもらう。松岡にはそんな高いハードルを課せられていたのだった……。

●埋まらない本国政府との距離

１９３２（昭和７）年11月18日、松岡は現地に着くと、すぐに国際連盟の事務総長に「主張さえ理解してくれれば、連盟に忠実な態度をとる」という趣旨のメッセージを伝え、脱退回避を示唆している。

11月21日の連盟理事会では、中国の混乱状態を強調し、満州国建設こそ唯一の解決だったと力説。一方で、12月8日の臨時総会では「日本は断じて屈服しない」としながらも、批判を受け入れる姿勢を見せた。

真の国際主義は唯健全な国家主義を通じてのみ成し遂げらるるものであると確信する。我々然く信じて居る。それ故に論者がもし斯かる同じ信念の下に日本を批判せんとするのであったら、余は甘んじてその批判を受けよう。

のちに「十字架上の日本」と呼ばれることになる、この演説は「欧米諸国は日本を十字架にかけて処刑しようとしているが、イエス・キリストが後世になって理解されたが如く、我々の正当性は必ず後になって明らかになるだろう」という論旨だった。

国際連盟総会で報告案採択後、重大声明を発表する松岡洋右全権

だが、この演説は、日本の新聞では大きく取り上げられたものの、キリスト教国には不評で、ほぼ黙殺されたといってよかった。

とりわけ、中国を始めとした各国からは、日本の行動を激しく非難する声が上がる。松岡の演説だけで状況がひっくり返るほど甘くはなかった。

何か落としどころがないか、と模索していたところ、イギリスが妥協案を提案した。それは、非加盟国の米ソを招聘して和協委員会案を作成することであった。

脱退だけは避けたい松岡は、「この条件しかない！」と日本政府に打診。しかし、大小問わず、あらゆる交渉ごとは矢面に立っている当人しか現場の空気を知り得ず、上の立場にある者ほど的外れな指示を出すものである。

「我方として容易に同意しかねる」

これが日本本国の答えであった。

なぜ、米ソの招聘が連盟脱退の危機よりも避けるべきことなのか。

理解できなかった松岡は、12月14日には大至急の電報で、再検討を促したが、答えは変わらなかった。アメリカが参加して満州国が認められなかった場合、今よりも不利な状況に陥る、というのが本国政府の見解だった。

年が明けるとイギリスから、今度は米ソを招聘しないかたちで、和協委員会を開き、中国と直接交渉することが提案される。両国間で問題解決する姿勢を示しさえすれば、とりあえず脱退の危機は回避できるという算段だった。

だが、松岡がこの案を伝えても、本国は首を縦に振らない。

次第に本国では「むしろ連盟から脱退するほうが、加盟国との衝突が避けられるのではないか。脱退後に大国と連盟の枠外で協調したほうが得策だ」という意見が目立ち始める。

それを後押しするかのように、12月19日には、全国の132社の新聞社の連名で「共同宣言」が発表される。それは、満州国承認を強く諸外国に訴えるもので、世論も国連脱退へと傾いていく。新聞記事も煽り始めた。

「連盟に『左様なら！』といふ日が、近づいたようである」（『東京日日』昭和7年12月18日夕刊）、「連盟外交より実質外交」（『東京朝日』昭和8年1月19日）、「連盟との絶縁は最早や時の問題」（『東京日日』昭和8年2月14日夕刊）、「命・百二十遣る―連盟を脱退せよ」（『讀賣』昭和8年2月14日）……。

物は八分目にてこらゆるがよし――。そんな松岡の本国への説得もむなしく、脱退回避の努力がすべて無駄になろうとしていた。

●国民に謝罪したラジオ放送

そして、運命の日を迎える。

2月24日、冒頭の対日非難勧告が採択。反対の一票は日本で、棄権はタイ国。他の国はすべて賛成に回った。

「日本は本勧告案の受諾を断固拒否する。世界平和のため、連盟に協力していこうという努力は、もはやここに尽きたと言わなければならない」

そんな決別の演説を行った松岡の胸中はいかばかりであっただろうか。そのまま、松岡は席に戻らず、日本代表団に退場を合図した。議場を立ち去るときに、松岡がこうつぶやくのを、関係者は聞いていた。

「失敗した、失敗した、失敗した」

だが、失敗したはずの松岡を国民はまるでヒーローのように熱狂的に迎えた。何も知らない小学生たちまで日の丸の旗を振っていたという。

その後、松岡はラジオで帰国報告をしている。だが、それは凱旋した英雄の言葉とは程遠いものであった。

「できることならば、何とかして、一面我が国の立場を明らかにし、主張を通しておきながら、他面連盟に残っておりたいという其事は、ご承知の通り失敗したのであります。この点につきましては、私の不徳、洵に国民諸君には申し訳ないと考えているのであります」

松尾がジュネーブを発った1週間後、日本軍は熱河省の省都を占領下に置く。

国際連盟からの脱退は、戦争への泥沼に足を突っ込むターニングポイントとなった。

近代の逸話　其の27

【召集令状から逃げ惑う作家たち】

赤紙が来たらこうなった！

●国のお財布に優しかった赤紙

「忘れちゃえ　赤紙神風　草むす屍《かばね》」

俳人の池田澄子《いけだすみこ》によるこの作品が「俳句研究」（平成14年8月号）に掲載されると、反国家的だという批判の声が上がった。

しかし、これは第三者に向けて詠ったものではなく、赤紙について「忘れてしまえ」と己に言っている、というのが作品の本意であった。この句からは、実際に戦争を体験した池田の心中において、いつも忘れられずにいた赤紙の存在が、いかに大きかったかが読み取れる。

確かに、赤紙は来た本人はもちろん、周囲の人間にとっても、忘れようとしても忘れられないものであった。まだ受け取ってさえいない人も「今度は自分かもしれない」と戦々恐々としていた。

さらに言えば、一度赤紙に従って戦地に赴き、無事に帰ってきても安心はできなかった。赤紙が来るのは一度とは限らず、2回受け取るケースも少なくなかったからだ。なかには3回以上受け取った人もいたという。

赤紙による臨時召集が始まったきっかけは、日露戦争にあった。日清戦争に比べて倍を超える、57万3000人以上の現役兵と補充兵が投入されたこの戦争において、軍は兵員を補充し続けることの重要性を痛感した。

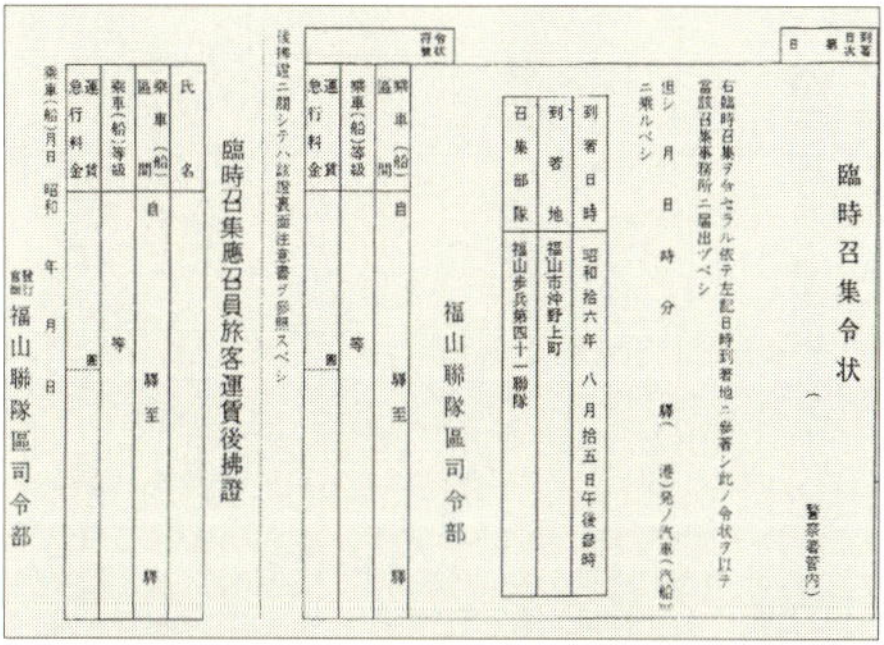
臨時召集令状
（　　警察署管内）
右臨時召集ヲ令セラル依テ左記日時到着地ニ参着シ此ノ令状ヲ以テ當該召集事務所ニ届出ヅベシ
但シ　月　日　時　分　驛（　港）発ノ汽車（汽船）ニ乗ルベシ

到着日時	昭和拾六年八月拾五日午後參時
到着地	福山市沖野上町
召集部隊	福山歩兵第四十一聯隊

福山聯隊區司令部

後拂證ニ關シテハ該證裏面注意書ヲ參照スベシ

臨時召集應召員旅客運賃後拂證
福山聯隊區司令部

福山歩兵第41連隊への召集を命じる臨時召集令状（赤紙）

とはいえ、それだけ多くの現役兵を抱えることは、国家財政の観点から不可能である。

であれば、現役兵以外に、必要なときに在郷軍人を呼んで軍隊を編成すればよかろう。そう考えて行われたのが、赤紙による召集である。正社員を少なくして必要なときに派遣社員や日雇いに来てもらう、現代の企業のようなことを、当局は考えたわけである。

日本と同じく国家財政が厳しかったドイツが、すでに在郷軍人による軍隊編成を導入しており、それを日本が真似たのだが、結果的にこの制度はよく適合した。家族制度が根付いていた日本では戸籍が完備されていたため、どの場所にどれだけの若者がいるのか、把握が容易だったからだ。

役場は20歳になる若者の名簿を作成し軍に提出する。それに基づいて徴兵検査が行われ、現役兵に選ばれれば、すぐに入隊。それ以外の合格者は招集兵として、普段は民間人として過ごし、軍から赤紙が来れば在郷軍人として軍隊に参加することになる。兵役が終わる40歳までは、赤紙のことが頭から離れない者もいたことだろう。

表向きは軍隊に呼ばれるのは名誉とされていたが、心底喜んで戦地に赴きたい人などごく少数だったに違いない。赤紙をもらった人のなかには、家族を持つ男性も多かっただけになおさらである。冒頭の句のように「忘れちゃえ」と自分に言い聞かせでもしないと、とてもやっていられなかったのではないだろうか。

●赤紙から逃げるのは至難の業

懲役されるのが嫌で、行方をくらます者も実際にいた。

しかし、それは家族を捨てることと同義だったから、かなりの覚悟が必要であった。

なにしろ、村にとっては行方不明者を出すことは不名誉そのものである。戸籍を管理する担当者は軍に始末書を書き、その一方で、家族や知人をつてに捜索を続ける必要があった。

周囲への悪影響を恐れ、行方不明者の有無はおおっぴらにされないことが多かったため、どれくらいの行方不明者がいたのかは分かっていないが、村に一人はいたとも言われている。逃げるほうも、追うほうも必死だったことは想像に難くない。

徴兵を忌避して逃げた一人が、2013（平成25）年4月に亡くなった名俳優の三國連太郎《みくにれんたろう》である。三國は、学生の頃から暴力が生理的に嫌いだった。しかし徴兵検査に甲種合格してしまい、やがて赤紙を受け取ることになる。

どうしても入隊したくなかった彼は必死の逃亡。九州の港に向かうものの、途中で母に「心配しているかもしれませんが、自分は無事です」という手紙を出したのが失敗だった。消印から足がつき、捕まえられてしまった。身内に出した手紙が命取りになったことについて、三國はインタビューでこう振り返っている。

若き日の三國連太郎

「母あての手紙でした。でも母を責める気にはなれません。徴兵忌避をした家は、ひどく白い目で見られる。村八分にされる。おそらく、逃げている当事者よりつらいはず。たとえいやでも、我が子を送り出さざるを得なかった。戦中の女はつらかったと思います」

赤紙はその配達方法も、後世で考えられていた以上に厳密なものであった。『赤紙』（小澤眞人・NHK取材班）が明らかにしている。

「赤紙は郵便で送られると、戦後考えられてきた。赤紙は俗に「一銭五厘」と呼ばれた。この一銭五厘とは、当時の郵便ハガキの値段である。なぜ、このような呼び方が定着したかは定かではないが、「一銭五厘」という呼び方が、赤紙が郵便物であるという考えをもたらしたとも考えられる。（略）しかし実際には、赤紙は兵事係など村の職員が、直接本人か、不在の場合は家族に手渡して交付した。そして受け取った人は受領した日時を記入し、押印を求められた」

郵便箱に入れられるわけではなく手渡しで、しかも郵便局員からではなく村の職員からとなると、その重みも、厳密さも相当なものだ。赤紙から逃げるのは、現代の我々が想像する以上に難しいことだった。

●作家を怯えさせた「白紙」

召集令状の「赤紙」と同じく恐れられたのが、徴用令状である。

徴用とは、政府が国民を強制的に動員し、兵役を含まない一般業務に就かせることをいう。徴用令状は白紙だったため、「白紙」と呼ばれた。

国民徴用令が施行されたのは、1939（昭和14）年のことで、その前年には、国家総動員法が制定されている。1937（昭和12）年から1945（昭和20）年まで長期にわたった日中戦争の激化が、その背景にあったことは言うまでもない。

応じない場合は、1年以下の懲役および千円以下の罰金が科せられた。

施行当初は工業・鉱業を主な範囲としたが、やがてある職業の人間が大量に必要となった。戦時下に必要な兵役以外の業務といえばなんだろうか。それは、意外に思われるかもしれないが「文学者」である。

役目は陸軍と海軍の報道であり、任地はマレー、ビルマ、スマトラ、ジャワ。任期は5カ月から3年というから、負担も大きい。白紙を受け取った作家たちは、初めは意図が分からず、反社会的勢力への罰かもしれないと危惧していたくらいだった。

白紙を受け取った作家の名前を何人か挙げてみよう。

マレー・シンガポール方面へ徴用されたのが、会田毅《あいだたけし》・秋永芳郎《あきながよしろう》・井伏鱒二・大林清《きよし》・小栗虫太郎《むしたろう》、海音寺潮五郎《かいおんじちょうごろう》らの小説家たち。続いて、ジャワ・ボルネオ方面には大宅壮一や浅野晃《あきら》らの評論家と阿部知二《ともじ》・大江賢次らの小説家が、ビルマには高見順・北林透馬《とうま》・倉島竹二郎・榊山潤らの小説家が送り込まれることになった。

そしてフィリピンに行ったのが、火野葦平・三木清・石坂洋次郎ら小説家である。

他に、海軍関係には、石川達三・丹羽文雄・木村荘十《そうじゅう》などが徴用されている。任務は従軍記事を書くほか、日本語の普及のために小学校に作られた日本語の科目の教育を行うこともあった。

ちなみに、太宰治も「文士徴用令書」は受け取っているが、身体検査を経て「肺浸潤」という病名で免除されている。最後まで肺の病気に苦しめられた太宰だが、このときばかりは病が幸いした。

また三島由紀夫の場合は、赤紙を受け取り、入営検査を受けることになったが、結核と診断されて不合格。実際は、風邪による高熱に過ぎなかったのを医師が誤診したことで、徴兵を免れることになった。後の三島の活躍を思えば、文学史を変えた誤診とも言えそうだ。

近代の逸話 其の28

【近代日本の栄光と終焉を見届けた】

奇跡の輸送船 信濃丸

●数々の著名人の人生に関わる

太平洋戦争がいかに過酷なものであったか。

実体験を語れる者が少なくなるなか、最前線を経験した元日本兵の一人が、漫画家の水木しげるである。水木は『ゲゲゲの鬼太郎』の作者として知られているが、漫画、自伝、エッセイと様々な形で、後世に戦争体験を伝えている。『娘に語るお父さんの戦記』もその一冊。戦地の最前線に送られたときをこう振り返っている。

「港には古い船がまっていた。船に乗って舷側をいじると、1センチくらいの鉄板が、センベイのようにポロリととれた」

あまりの脆さに水木が驚くと、船員はこう言ったという。

「兵隊さん、この船は浮かんでいるのが奇蹟なんだから」

貨客船時代の信濃丸。近代日本の栄光と終焉を見届けた。

この浮かんでいるのがやっとの、ボロボロの船が「信《しな》濃《の》丸《まる》」だった。水木は、この信濃丸で、激戦地のラバウル・ニューギニア戦線へ送られ、従軍することになる。

不思議なことに、信濃丸に乗船した著名人は、水木だけではない。それぞれ異なった形で、信濃丸と人生を交錯させている。戦後は引き揚げ船としても使われた信濃丸は、作家の大岡昇平を乗せて日本に帰っている。

大岡は1957（昭和32）年に評論「白地に赤く」で、そのときの様子をこう書いた。

「帰還の日が来て、船へ乗るためタクロバンの沖へ筏でひかれて行ったら、われわれが乗るのは復員船に成り下った『信濃丸』で、船尾に日の丸が下っていた。海風でよごれたしょぼたれた日の丸だった」

大岡はその後、連載小説『俘虜記』で、主人公をフィリピンまで迎えにやってくる船として、信濃丸を登場させている。

同じく作家の永井《ながい》荷風《かふう》は、遡ること42年前、1903（明治36）年、アメリカに渡航するときに信濃丸に乗船している。もともと信濃丸はシアトル航路用貨客船であり、日露戦争を契機に戦争で用いられるようになった。荷風はこのときのアメリカでの経験をもとに『あめりか物語』を執筆し、文壇に華々しくデビューすることになる。

信濃丸は、日露戦争では仮装巡洋艦として使われたが、戦争が終わると、いったんシアトル航路に復帰。1913（大正2）年には、あの成金・鈴木久五郎が支援した中国の革命家・孫文を乗船させている。孫文は、第二革命で袁世凱に敗れ、日本へ亡命しようとしていた。

一介の輸送船が、これほど多くの歴史的人物の人生に立ち会っていることに驚くばかりだが、信濃丸最大の奇跡は他にある。冒頭で引用した、水木に話しかけた船員の言葉は、次のように続いている。

「兵隊さん、この船は浮かんでいるのが奇蹟なんだから、なにしろ、あの明治38年の日本海海戦の時、まっさきにロシア艦隊を発見し、〝敵艦ミユ〟の無電を発した信濃丸てえのは、この船なんだから」

太平洋戦争のときにはボロボロになっていた信濃丸。だが日露戦争においては日本の勝利を決定付ける大役を果たしていたのだ。

●バルチック艦隊を発見！

敵は、対馬海峡を抜けるのか、それとも津軽海峡を迂回するのか——。

1905（明治38）年5月、日露戦争において、日本は緒戦で勝利しながらも、兵力・戦費の面で限界を迎えつつあった。このとき、連合艦隊司令長官の東郷平八郎や、「変人参謀」秋山真之を悩ませたのが、ロシアのバルチック艦隊の進路である。

敗戦を重ねたロシアは、列強諸国から講和を持ちかけられたが、ロシア皇帝のニコライ2世は応じなかった。それは、ロジェストヴェンスキー提督率いる強力なバルチック艦隊の存在があったからだ。到着が遅れているバルチック艦隊がウラジオストックに入港さえすれば、日本の補給路を断って制海権を握ることができる。バルチック艦隊は、いわばロシアの最後の希望だった。

バルチック艦隊が日本に達するには二通りの進路があったが、連合艦隊は「対馬海峡説」に一本化し、全艦隊を集結させて迎撃体制を敷いた。その中に混じっていた仮装巡洋艦・信濃丸が闇の中にうごめく灯火を見つけたのは、5月27日午前2時45分のこと。信濃丸が、五島列島の西方海上を哨戒していると、病院船らしき船を発見。

追跡していると夜明けが近づき明るくなり、周囲の霧が晴れた。信濃丸の艦長は思わぬ光景を目にすることになる。約1500mの距離に十数隻の敵艦が浮かんでおり、さらにその向こうにいくつも煤煙がたなびいているではないか。そう、夜霧に紛れて病院船を追跡した結果、信濃丸は大胆にもバルチック艦隊の只中に入り込んでしまったのである。

「敵艦隊203点見ユ対馬東水道ニ向カウモノノ如シ時ニ午前4時45分」

第三艦隊旗艦巌島はこれを受信すると、直ちに連合艦隊の旗艦三笠宛てに「敵艦見ユ」の暗号を打電。自分たちが賭けに勝ったことを知った東郷は準備を整え、有名な「東郷ターン」でバルチック艦隊を撃破することに成功する。

日露戦争と太平洋戦争を生き抜き、近代日本の栄光と終焉を第一線で見届けた信濃丸。「奇跡の艦船」として歴史に名を残すことになった。

近代の逸話 其の29

【特攻隊員たちの知られざる生き様】

妻を乗せて特攻した兵士がいた

●特攻前に小学生たちと交流

真珠湾攻撃によって、アメリカとの大戦を繰り広げることになった日本。

当初こそ有利に戦いを進めていたものの、ミッドウェー海戦での大敗を機に、戦況はずるずると悪くなっていく。１９４４（昭和19）年6月、マリアナ沖海戦で敗北すると、敗戦はほぼ決定的となった。

それでも戦況を挽回するために採られた戦法が、兵士の命を犠牲にした肉弾攻撃である。起案者は、城英一郎海軍少将。上申された大西瀧治郎《たきじろう》中将は、いったんは見送ったものの、いよいよ敗戦が現実味を帯びてくると、決行を決意。体当たり攻撃こそ良案であるとし、「神風特別攻撃隊」が編成されることになった。

神風特別攻撃隊が初めて出撃したのは、10月25日のこと。マバラカット飛行場から飛び立った零戦5機が、レイテ島北東のサマール島沖に浮かぶアメリカの護衛空母をめがけて、体当たりを行った。その結果、二隻を大破させ、一隻は沈没させるという戦果を挙げる。同日にはさらに他の部隊が特攻し、アメリカの護衛空母二隻を大破させた。

予想を上回る成功に、新聞・ラジオでも「神風」として、その活躍が盛んに報じられた。この異常な作戦は終戦まで続けられることになる。

沖縄近海で特攻機の攻撃を受け炎上する空母・ヴィクトリアス

神風特攻隊が戦況を引っ繰り返すことはなかったが、アメリカ軍に恐怖を与えることには成功した。なにしろ、攻撃隊員が必ず死亡するような戦法である。実行する兵士がいることに驚いただろう。

表向きは志願して行くことになっていたが、上官に頼まれれば、特攻を拒むことは難しかったようだ。ある飛行師団では、特攻志願のアンケート調査が行われた。「熱望」「希望」「希望せず」の三つの選択肢に丸をつける形式だったが、全員が「熱望」に丸印を付けている。

そんな死を覚悟した特攻兵のなかに、突撃前に立ち寄った浅間温泉の旅館で小学生たちと交流した兵士がいたことは、あまり知られていない。

特攻兵器「桜花」。切り離されたら最後、戻ることはない。

彼らはもともと満州で編成された部隊で、米軍の空襲を避けるように、松本飛行場に降り立った。そして、浅間温泉付近の旅館に分かれて宿泊。そこで生活していたのが、空襲によって疎開してきた子どもたちである。

疎開学童は、戦争によって親から引き離され、この地へとやってきた。送り出す親も胸がはち切れんばかりだっただろう。もう二度と会えないかもしれない。

疎開学童を見送る親は、線路の両側にずらりと並び、めいめいが子どもの名前を叫んでいた――そんな記録も残っている。

戦争に翻弄される子どもたちと、日本を守るために自ら命を投げ打とうとしている特攻兵たち。両者の親交を明らかにしたのが、きむらけんによる著作『鉛筆部隊と特攻隊』である。

「帰ってきたら、お嫁さんになってね」

滞在中の特攻兵から鉄棒を教えてもらった小学生の女の子が、突撃前にそんな言葉をかけてきたのを、60年以上経ってもずっと覚えていた。また、当時学童だった別の女性は、こんなふうに振り返っている。

「ご飯が終わると、きっと寂しかったからでしょうかね。私たちの大部屋に来られるんですよ。歌を歌ってくれ、お遊戯をしてくれと言われたんですよ」（『鉛筆部隊と特攻隊』より）

子どもたちは「お兄さん、お兄さん」と彼らを慕い、隊員たちもまた、学童たちを「鉛筆部隊」と親しみを込めて呼びながら、ともに遊んだ。子どもたちと歌ったり、踊ったりすることで、死と直面する恐怖からしばしの間、逃れることができたのかもしれない。

しかし、やがて別れはやってくる。もう二度と会うことはできない、今生の別れである。

「特攻隊の方々は神様になる」

日々そう教えられている児童に向け、特攻兵たちは沖縄に飛び立つ前に、お別れのサインや手紙を形見として渡した。そのうちの一つは、30センチほどの白い布切れで、19歳の特攻兵が11歳の少女に渡したものだ。そこには、こんな文が綴ってあった。

正しく伸びよ健やかに　陸軍伍長　大平定雄

●夫婦で飛行機に乗り込み、ソ連へ特攻！

米軍に対抗するために生まれた、捨て身の「神風特攻隊」。

実は、アメリカ軍ではなく、ソ連軍に特攻した兵隊もいた。しかも、天皇による玉音放送が流れた後の1945（昭和20）年8月19日に、実行されているのだ。

その特攻兵の名は、谷藤徹夫。彼の乗った飛行機を含めた11機が空に舞い上がると、見送りに来ていた人々は大騒ぎになった。徹夫の生き様を明らかにした豊田正義著『妻と飛んだ特攻兵』では、当時の様子が克明に描かれている。

当初の予定では、11機は綿州飛行場へと向かい、全飛行機をソ連軍に引き渡すことになっていた。それはソ連に対する武装解除を意味する。

しかし、綿州に向かうはずの11機は方向を翻して、雲の中へと消えていった。ソ連軍に最後の攻撃を加えるためである。

「方角が違うぞ！」

群衆からは、そんな声が上がった。

だが、周囲が驚いたのはそれだけではない。徹夫の飛行機には、後部座席に女性が乗っていたのである。

「女が乗っている！」

女性は「朝子」という名で、徹夫の妻だった。女性が軍用機に乗り込むのは、もちろん軍規違反である。戦争は終わったというのに、夫婦そろって軍用機に乗り込み、しかもソ連に特攻していく――。

一体、なぜ、そんな前代未聞の事態が起きたのだろうか？

それを知るには、終戦前後の満州が、どんな状態だったのかを説明しなければならない。

1945（昭和20）年8月9日、日ソ中立条約を一方的に破棄したソ連は、日本軍が統治する満州へと侵攻してきた。3日前に広島に原爆が投下され、すでに日本の敗戦は決定的だったが、だからこそヨシフ・スターリン共産党書記長は大急ぎで、満州攻めを軍に命じた。このままでは、アメリカだけの手柄になり、領土拡張のチャンスを奪われてしまうからだ。

迫り来る175万人のソ連兵に対して、迎え撃つ満州の関東軍は74万人。しかも、ソ連軍は熟練の兵を揃えていたが、関東軍は半分近くが新兵で経験不足の者ばかり。さらに、兵器はソ連が戦車5500両、飛行機5170機も備わっていたのに対して、日本は戦車160両、飛行機150機と、圧倒的に不利な状況に立たされていた。

共に特攻した谷藤夫妻

案の定、関東軍は惨敗する。ソ連軍が侵攻してきたとき、大本営からの総攻撃の指令が遅れに遅れ、6時間も無抵抗でいたことも、致命的な敗因となった。関東軍の国境守備隊は無残に撃破され、ソ連軍が猛烈な勢いで進撃してきた。
このとき、関東軍に見捨てられる形になったのが、満州全土の4分の3にあたる地域に住む、日本人居留民である。関東軍は彼らを防衛線の内側に避難させるという

陸軍の特別攻撃隊が使用した九七式戦闘機

最低限の措置さえとらず、自分たちだけが撤退していった。

日本がポッダム宣言を受託して無条件降伏したのは、ソ連が侵攻してから7日目のこと。関東軍も降伏したが、本当の地獄はそれからであった。

残された日本人居留民たちは、抵抗する相手がいなくなったソ連軍から、非道の限りを尽くされた。働き手となる男性はシベリアに送られ、女性は強姦された。それも少女から老女まで、手当たり次第である。暴行される前に、自ら命を絶った女性も後を絶たなかったという。

そんなソ連軍の残忍な振る舞いに立ち上がったのが、陸軍少尉の谷藤徹夫のほか、11人の隊員である。偵察機から「ロシア兵が戦車で、逃げ回る女、子どもを轢き殺していた」という報告を受けて、もはやいても立ってもいられなくなったのだ。

すでに爆弾は尽きており、飛行機に搭載することはできなくても、体当たりすることで与える心理的ダメージは大きいはず。そう考えた徹夫たちは、飛行機を撤収するという最後の任務を行う日に、ソ連の戦車へ特攻することを決意した。

当日、彼らの決意を知らず、見送りに来た群衆のうち数人は、飛行機が出発する直前、2機の後頭部座席に女性が乗り込んだのを目撃している。そのうちの一人が、徹夫の妻、朝子である。

朝子は徹夫より2歳年上で、義理の従姉妹にあたった。親族間の激励会で、ふたりは出会い、朝子が徹夫に一目惚れしたのがきっかけだ。恋文を数通送るなど、朝子のほうから積極的にアプローチし、やがて交際へと発展していく。ふたりは特攻の日の1カ月前、満州の地で新婚生活を始めたばかりだった。

妻の朝子が徹夫の飛行機に乗り込んだ経緯はよく分かっていない。だが、朝子にしてみれば、一人で生き残るよりも、ようやく結ばれた最愛の男性とともに死ぬことを選ぶのは、当然の選択だったのだろう。

朝子以外に、もう一人、スミ子という女性も、特攻する大倉巌少尉の飛行機に乗り込んだことが分かっている。2人の関係はよく分かっていないが、旅館の女中だったスミ子は、すでに許婚がいた大倉に、ひとかどならぬ想いを抱いていたという。

それぞれの熱い想いを乗せた11機の特攻は、果たしてどうなったのだろうか。

その結末は歴史の闇に葬り去られ、今となっては知ることができない。軍規を逸脱した行為として、長く特攻兵として認められることさえなく、彼らの行動は黙殺され続けたのだ。

彼らが「戦没者」と認定されたのは、終戦から10年以上経ってからのことだった。

近代の逸話 其の30

【終戦記念日の後の死闘】

8月15日は終戦の日ではない

●国によって違う「終戦した日」

日本人に「第二次世界大戦が終戦したのはいつ？」と聞けば、ほとんどの人が「8月15日」と答えるだろう。

アメリカは、1945（昭和20）年8月6日に広島へ、8月9日に長崎へ原子爆弾を投下。日本政府は、無条件降伏を求める「ポツダム宣言」を受諾することを8月14日に決定し、その翌日に天皇による玉音放送が実施された。

8月15日は、国民に敗戦が伝えられた日であり、その意味では終戦記念日とするのにふさわしい日に違いない。国内では毎年、全国戦没者追悼式が8月15日に行われているし、またお隣の韓国では8月15日を「日本から独立した日」として「光復節」と呼び国民の祝日にしている。イギリスも、「VJデー（victory over Japan Day）」を8月15日と定めている。

だが、この日は日本が敗戦を受け入れた日に過ぎず、それは終戦へのファーストステップに過ぎないという考え方もできる。

ポツダム宣言受諾後の9月2日、日本政府は、東京湾に停泊していた米国戦艦ミズーリ号で降伏文書に署名。この9月2日を第二次世界大戦の終戦とする国もある。

玉音放送を聞き、泣き崩れる人々

現にアメリカは、9月2日の降伏調印式の直後、大統領のトルーマンがラジオ放送を行い、「対日戦勝記念日」と宣言。次のように述べた。

「われわれは真珠湾攻撃の日を記憶するように、この日を『報復の日』として記憶するだろう。この日から我々は安全な日を迎える」

このことから、アメリカでは9月2日を「VJデー」にしている。イギリスと呼び名は同じだが、日にちが異なるというわけだ。ロシアもアメリカと同じく、9月2日を「第二次世界大戦終結の日」と定めた。

ちなみに、中国の場合は、翌日の9月3日を抗日戦争勝利記念日としているが、これは当時の国民党政府が降伏調印日の翌日から3日間を休みにしたためである。終戦を9月2日と考える点では、中国もアメリカ、ロシアと同じと言える。

戦争が終わったのは、日本がポツダム宣言を受諾した8月15日か、降伏文書に署名した9月2日か――。日本人にとっては、初めて天皇自身の声を聞くことになった玉音放送の強いインパクトもあって、8月15日を終戦記念日とするのが自然なのかもしれない。

しかし、この日をもって終戦としたことで、国民の記憶から忘れ去られてしまった戦闘があったのをご存知だろうか。

●全面降伏後の侵略

ポツダム宣言を受諾し全面降伏したのにもかかわらず、日本に侵攻した国があった。

千島列島最北端の占守島。当時は最北端の日本領土であったこの島に、150発にも及ぶ砲弾が撃ち込まれたのは、全面降伏した2日後の8月17日深夜のことだった。敵が竹田浜に上陸すると、千島列島防衛を担当していた第91師団では、緊急連絡が行われた。

「敵は本朝不明、艦砲射撃の支援のもと、竹田浜一帯に上陸を開始せり。目下激戦中なるも、国籍は不明」

この時点では敵の正体は分からず、かつてこの地へ空襲を敢行したアメリカ軍だという見方が強かった。しかし、攻め込んできたのはソ連だった。

昭和天皇が全国民に敗戦を告げた3時間後に、スターリンはソ連極東軍総司令官に千島列島の奪取を命じたのだ。なぜ、ポツダム宣言を受け入れた日本を攻撃するのか。その理由について、スターリンは共産党機関紙で次のように説明している。

「天皇が行った降伏の発表は単なる宣言に過ぎない。日本軍による軍事行動停止命令は出されていない。天皇が軍事行動停止を命じ、日本軍が武器を置いた時にのみ降伏とみなされる。したがって極東のソ連軍は対日攻撃作戦を続行する」

ポツダム宣言受諾後、日本軍には戦闘行為の停止が伝達され始めていた。滅茶苦茶な言いがかりである。スターリンは日本のシベリア侵攻を引き合いに出しながら、千島列島のすべてと北海道の半分を占領する権利があると考えていた。ソ連の占守島への侵攻は、それを叶えるための最後のチャンスとして、慌てて行われたものであった。

占守島の間近にあるカムチャッカ半島から送られたソ連軍は8000人余り。積載量が重過ぎて、上陸用舟艇が海岸線の150メートルから200メートル沖合で停止するというトラブルがあったが、ソ連軍の兵士たちは浜まで泳いで上陸しようとしていた。

まさに迫り来んとする敵軍を迎え撃ったのは、独立歩兵第282大隊。国端崎、小泊崎、竹田崎の要塞に、将兵およそ100人ずつを分散配置し、野砲、臼砲、速射砲によって砲撃を浴びせた。

その結果、泳いでくるソ連兵、また砂浜から駆け上がろうとしているソ連兵たちを、日本軍は次々と砲撃。ソ連軍の指揮艦にも命中し、指揮官である少将の上陸を許さなかった。

通称「士魂部隊」が使用していた九十五式戦車

占守島の将兵たちは、竹田浜からアメリカ軍が上陸することを想定して、普段から訓練に励んでいた。野砲の発射速度は通常は1分間で6発から8発だったが、国端岬の野砲については、1分間で12発の発射速度に向上させていたことも、大きかったようだ。

敗戦を知らせる玉音放送で拍子抜けした分、突如沸いた自衛のための戦闘に彼らは燃えていたのである。

しかし、スターリンの命を受けた敵軍にも意地がある。上陸するまでに、大きな犠牲を払いながらも、砲弾と銃弾に身をさらしながら、四嶺山まで侵攻した。

●池田大佐の決死の突撃

その勢いを食い止めたのが、日本軍の戦車第十一連隊である。この部隊は十と一を合わせて「士」と読ませ「士魂部隊」と呼ばれた精鋭部隊で、これを率いる池田末男大佐は「戦車隊の神様」として慕われる人物だった。彼は歩兵部隊の到着を待たず、単独で攻撃することを決意。戦車上から将兵たちに大声で檄を飛ばした。

「諸氏は今、赤穂浪士となり、恥を忍んでも将来に仇を奉ぜんとするか、あるいは白虎隊となり、玉砕もって民族の防波堤となり、後世の歴史に問わんとするか？　赤穂浪士たらんとする者は、一歩前に出よ。白虎隊たらんとするものは手を挙げよ！」

全員が喚声と共に即座に手を挙げたという。

第十一連隊は、18日午前5時半頃から四嶺山のソ連軍に突撃を敢行する。

敵陣へと突入すると、銃と手榴弾で攻撃する敵兵に、戦車砲と機関銃で応戦。多大な被害を与えたが、ソ連軍のなかには手榴弾を持って、戦車に飛び込んでくる兵もいたというから、日本軍側も戦死者が続出した。そのうちの一人が、連隊長の池田であった。

この戦いで、戦車連隊は96人が戦死した。だが、兵の戦死者は6人だけだった。指揮官以下、士官クラスが真っ先に前線に出たことが、数字に如実に表れている。この日本側のすさまじい抵抗に、ソ連は侵略を諦めて撤退し始めた。戦車隊の粘りがなければ、戦線がもっと拡大していたことは間違いないだろう。

この「占守島の戦い」は、3日間に及び、日本軍600人以上の戦死者、ソ連軍3000人以上の死傷者を出した。守り通した占守島は、9月8日に締結されたサンフランシスコ講和条約で領有を放棄させられることになるが、ソ連の南下を防ぎ、北方領土を拡大させなかった意味は大きい。このように、8月15日が過ぎても占守島や満州では、日本人たちの戦いが続いていたのだ。

おわりに

普段は執筆にまつわる資料読みばかりしているせいか、何気なく息抜きで観たテレビ番組が脳にするりと入ってきて、長く記憶に残ることがある。

本書を執筆中に幾度となく思い出したのが、深夜番組で、ある芸人が歴史教育について異議を申し立てていたことだ。

彼は、中学時代から不満に思っていたこととして、いきなり大昔の卑弥呼の話からされても、現代との距離感が全くつかめない、と熱弁していた。例え話がうまくできず、周囲にツッこまれて補足されながらも、彼が言いたかったのは次のようなものだった。

「図書館への道を尋ねたときに、今いるところからの道順ではなく、図書館からの道順で説明されても、訳が分からない」

熱い主張も空しく、スタジオではあまり取り合ってもらえなかったが、私はこれは一理あるなあ、と思った。

自身の学生時代を振り返っても、明治・大正・昭和と現代に近づくに連れて、授業が駆け足気味になり、消化不良のまま終わった記憶がある。それだと古代や中世の歴史に比べて、近現代はどうしても手薄になりがちだ。

しかし、近代日本がどのような社会だったかを正しく理解することは、今社会で起きていることの背景を知る大きな手がかりとなる。ひいては、若者の無関心が問題視されている政治への興味を喚起させることにもなるだろう。

本書では、「近代日本の誤解」をテーマに執筆したが、私自身も新たに発見することが多かった。例えば、大正時代が多子化で苦しんでいたことは、少子化に悩む我々にとって、どんな時代にもその状況に応じた悩みがあることを教えてくれる。

本書を通じて読者が、これまで持っていた時代時代のイメージを覆したり、歴史人物の新たな一面を知るきっかけになれば幸いである。

最後に、担当編集者の吉本竜太郎さんに感謝の気持ちを伝えたい。吉本さんは原稿を一本送るたびに、電話をかけてきてくれて、いち早く感想を伝えてくれた。「編集者は最初の読者」などとよく言われるが、最初の読者からの叱咤激励がなければ、こうして書き上げることは難しかっただろう。

そして、本書を読了していただいた皆様に御礼を申し上げます。

【参考文献】

『大日本古文書　幕末外国関係文書』／加藤祐三、伊藤久子協力、オフィス宮崎訳『ペリー艦隊　日本遠征記』（万来舎）／加藤祐三『幕末外交と開国』（講談社学術文庫）／今津浩一『ペリー提督と開国条約』（ハイデンス）／曽村保信『ペリーは、なぜ日本に来たか』（新潮選書）／岩下哲典『予告されていたペリー来航と幕末情報戦争』（新書y）／新人物往来社編『近藤勇のすべて』（新人物往来社）／松浦玲『新選組』（岩波新書）／鈴木亨『新撰組１００話』（中公文庫）／小島政孝『新選組余話』（小島資料館）／菊地明『新選組の真実』（ＰＨＰ研究所）／藤谷俊雄『「おかげまいり」と「ええじゃないか」』（岩波新書）／西垣晴次『ええじゃないか――民衆運動の系譜』（新人物往来社）／萩原延壽『薩英戦争　遠い崖２　アーネスト・サトウ日記抄』（朝日文庫）／徳川慶朝『徳川慶喜家にようこそ――わが家に伝わる愛すべき「最後の将軍」の横顔』（文春文庫）／野口武彦『慶喜のカリスマ』（講談社）／家近良樹『徳川慶喜』（吉川弘文館）／松浦玲『徳川慶喜――将軍家の明治維新』（中公新書）／松浦静山『甲子夜話』（平凡社）／氏家幹人『殿様と鼠小僧』（講談社学術文庫）／山下昌也『実録　江戸の悪党』（学研新書）／加太こうじ『物語　江戸の事件史』（立風書房）／知野文哉『「坂本龍馬」の誕生　船中八策と坂崎紫瀾』（人文書院）／一坂太郎『わが夫　坂本龍馬　おりょう聞書き』（朝日新書）／八幡和郎『坂本龍馬の「私の履歴書」』（ソフトバンク新書）／菊地明、伊東成郎、山村竜也『坂本龍馬１０１の謎』（新人物文庫）／徳永洋『横井小楠

――維新の青写真を描いた男』（新潮新書）／岡崎久彦『陸奥宗光とその時代』（ＰＨＰ研究所）／半藤一利、原剛、松本健一、戸高一成、秦郁彦『徹底検証 日清・日露戦争』（文春新書）／近藤富枝『鹿鳴館貴婦人考』（講談社文庫）／犬塚孝明『明治外交官物語　鹿鳴館の時代』（吉川弘文館）／パット・バー著、内藤豊訳『鹿鳴館　やって来た異人たち』（早川書房）／内田魯庵『新編　思い出す人々』（岩波文庫）／末永勝介『近代日本性豪伝――伊藤博文から梶山季之まで』（番町書房）／陸奥宗光著、中塚明編『新訂蹇蹇録――日清戦争外交秘録』（岩波文庫）／岡崎久彦『明治の外交力 陸奥宗光の『蹇蹇録』に学ぶ』（海竜社）／平間洋一『日英同盟――同盟の選択と国家の盛衰』（ＰＨＰ新書）／関榮次『日英同盟――日本外交の栄光と凋落』（学習研究社）／石井菊次郎『外交余録』（岩波書店）／澤地久枝『火はわが胸中にあり――忘れられた近衛兵士の叛乱 竹橋事件』（岩波現代文庫）／加藤陽子『徴兵制と近代日本　１８６８――１９４５』（吉川弘文館）／新人物往来社編『秋山真之のすべて』（新人物文庫）／瀧澤中『秋山兄弟好古と真之』（朝日新書）／楠木誠一郎『秋山好古と秋山真之』（ＰＨＰ文庫）／長嶋茂雄『野球へのラブレター』（文春新書）／知念広真『明治時代とことば――コレラ流行をめぐって』（リーベル出版）／立川昭二『明治医事往来』（新潮社）／酒井シヅ編『疫病の時代』（大修館書店）／井上清『条約改正』（岩波新書）／湯沢雍彦編『大正期の家庭生活』（クレス出版）／中野久夫、先崎昭雄、河田宏『大正の日本人』（ぺりかん社）／長山靖生『大帝没後――大正という時代を考える――』（新潮新書）／波多野勝、飯森明子『関東大震災と日米外交』（草思社）／原武史『大正天皇』（朝日選書）／小学生全集編輯部編『世の中への道（小学生全集第84巻）』（興文社）／夏目漱石『彼岸過迄』（新潮文庫）／夏目漱石『それから』（新潮文庫）／正力松太郎『正力松太郎——悪戦苦闘（人間の記録86）』（日本図書センター）／長尾和郎『正力松太郎の昭和史』（実業之日本社）／紀田順一郎『カネが邪魔でしょうがない 明治大正・成金列伝』（新潮選書）／今井清一『日本の百年〈5〉成金天下』（ちくま学芸文庫）／山下文男『昭和東北大凶作』（無明舎出版）／山下文男『昭和の欠食児童』（本の泉社）／松下幸之助『松下幸之助 夢を育てる——私の履歴書』（日経ビジネス人文庫）／ＮＨＫ〝ドキュメント昭和〟取材班編『十字架上の日本——国際連盟との訣別（ドキュメント昭和 世界への登場）』（角川書店）／井上寿一『昭和史の逆説』（新潮新書）／平塚柾緒著、太平洋戦争研究会編『図説・2・26事件』（河出書房新社）／本多猪四郎『「ゴジラ」とわが映画人生』（ワニブックスＰＬＵＳ新書）／五代目柳家小さん『咄も剣も自然体』（東京新聞出版局）／畑和『生涯感動——私の履歴書』（ぎょうせい）／孫崎享『戦後史の正体』（創元社）／上原卓『北海道を守った占守島の戦い』（祥伝社新書）／大野芳『8月17日、ソ連軍上陸す——最果ての要衝・占守島攻防記』（新潮文庫）／中山隆志『一九四五年夏 最後の日ソ戦』（中公文庫）／斎藤充功『脱獄王——白鳥由栄の証言』（幻冬舎アウトロー文庫）／きむらけん『鉛筆部隊と特攻隊』（彩流社）／豊田正義『妻と飛んだ特攻兵 8・19 満州、最後の特攻』（角川書店）／ＮＨＫ取材班編『太平洋戦争 日本の敗因〈3〉電子兵器「カミカゼ」を制す』（角川文庫）／坂野潤治『日本近代史』（ちくま新書）／坂野潤治『大正政変——１９００年体制の崩壊』（ミネルヴァ書房）／山本四郎「大正政変」『岩波講座 日本歴史18 現代〔1〕』（岩波書店）／小澤眞人、ＮＨＫ取材班『赤紙——男たちはこうして戦場へ送られた』（創元社）／半藤一利『歴史探偵 近代史をゆく』（ＰＨＰ文庫）／小川軽舟『角川俳句ライブラリー 俳句は魅了する詩型』（角川学芸出版）／「追悼・三國連太郎さん：徴兵忌避の信念を貫いた」（2013年4月15日付毎日新聞）／神谷忠孝『南方徴用作家』（北海道大学人文科学論集）／水木しげる『水木しげるの娘に語るお父さんの戦記』（河出文庫）／大岡昇平『大岡昇平全集』（筑摩書房）／古屋哲夫『日露戦争』（中公新書）／内藤一成『貴族院』（同成社近現代史叢書）／佐々木克「西郷隆盛と西郷伝説」『岩波講座日本通史　第16巻』（岩波書店）／「維新の英雄、幻の帰還第9回 西郷生存伝説の狂騒」（2013年10月27日付日本経済新聞）／片山杜秀『未完のファシズム：「持たざる国」日本の運命』（新潮選書）

【写真提供】
カバー写真提供：毎日新聞社

彩図社好評既刊本

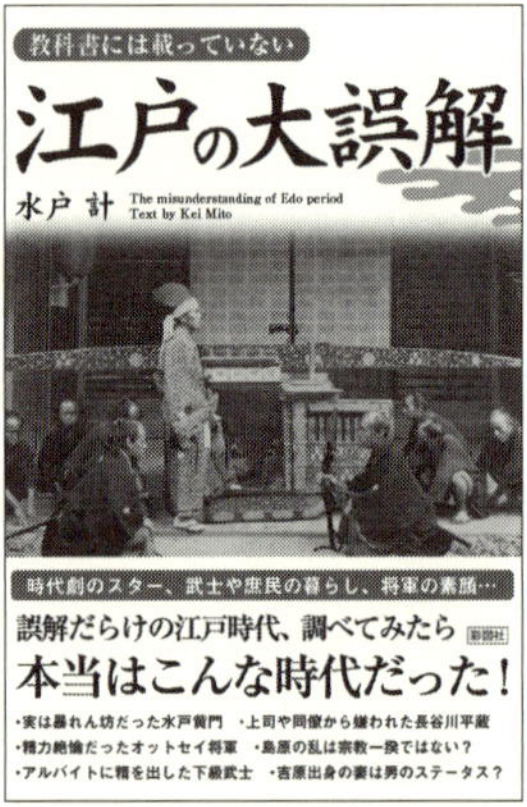

教科書には載っていない

江戸の大誤解

水戸 計 著

「水戸黄門」は暴れん坊副将軍だった？　時代劇のスターの素顔から、「島原の乱」「桜田門外の変」などの大事件の舞台裏、江戸時代の進んだ社会構造、そして将軍や天皇など最高権力者の実像まで。知れば時代劇や時代小説がさらに楽しめる、江戸時代の知られざる姿をご紹介！

ISBN978-4-8013-0194-8　文庫判　本体 630 円＋税

彩図社好評既刊本

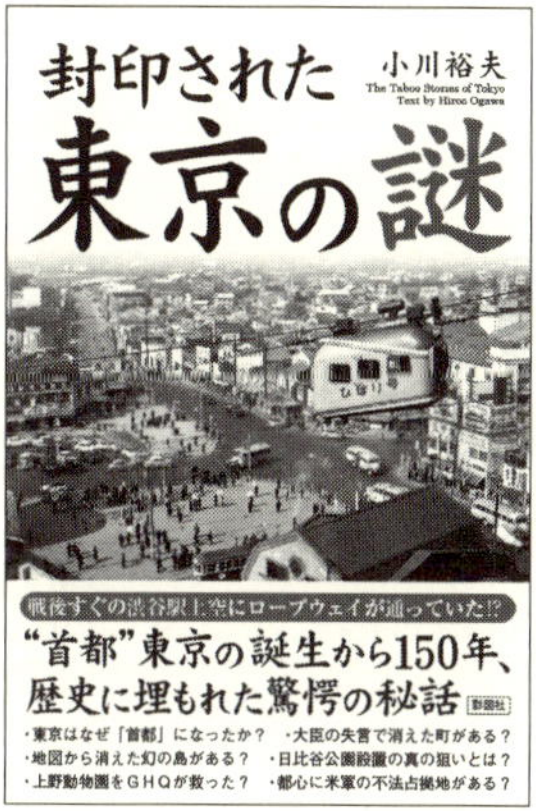

封印された東京の謎

小川 裕夫 著

様々な思惑が入り乱れた首都・東京誕生の舞台裏、東京タワーや上野動物園など東京名所に隠された歴史、新宿や渋谷、池袋などの都市や繁華街の知られざる秘話、東京の利権を巡る争い、さらには占領下の東京で繰り広げられた悲劇など、知られざる東京の“裏面史”に迫る！

ISBN978-4-8013-0202-0　文庫判　本体 648 円＋税

著者略歴

夏池優一（なついけ・ゆういち）
1975年、京都府生まれ。編集プロダクション、出版社勤務を経てフリーになり、執筆業へ。執筆ジャンルは多岐にわたるが、主に歴史人物や現代のリーダーたちについて研究している。著書に『幕末志士の大誤解』『逆境に打ち勝った社長100の言葉』『図解 できる人の仕事術』など。筆名多数あり、本書で著作は30冊目となる。執筆活動のほか、大学での特別講義、教養バラエティ番組の構成・監修なども行う。

メールアドレス：natsuike3@gmail.com

近代日本の大誤解 開国から終戦まで

平成29年4月5日 第1刷

著　者　夏池優一

発行人　山田有司

発行所　株式会社彩図社
〒170-0005
東京都豊島区南大塚3-24-4MTビル
TEL 03-5985-8213　FAX 03-5985-8224

URL：http://www.saiz.co.jp/
Twitter：https://twitter.com/saiz_sha

印刷所　新灯印刷株式会社

ISBN978-4-8013-0216-7 C0121

本書は、2013年12月に小社より刊行された『日本史の大誤解　激動の近代史編』を修正の上、文庫化したものです。